A terra dos mil povos

Copyright © 2020 Kaká Werá Jecupé
Copyright das ilustrações © Taisa Borges

Editora
Renata Farhat Borges

Projeto gráfico e diagramação
Ana Starling

Ilustrações
Taisa Borges

Revisão
Mineo Takatama
Juliana Amato

Dados Internacionais de Catalogação na Publicação (CIP) de acordo com ISBD

J44t   Jecupé, Kaká Werá

            A terra dos mil povos: história indígena do Brasil contada por um índio / Kaká Werá Jecupé ; ilustrado por Taisa Borges. - 2. ed. - São Paulo : Peirópolis, 2020.

            128 p. : il. ; 19,5cm x 25cm.

            ISBN: 978-65-86028-04-1 (impresso)
            ISBN: 978-65-86028-03-4 (digital)

            1. Cultura indígena. 2. História. 3. Índios da América do Sul. I. Borges, Taisa. II. Título.

2020-561   CDD 980.41
                                                                                  CDU 39(=1.81-82)

Elaborado por Odilio Hilario Moreira Junior - CRB-8/9949

Índice para catálogo sistemático:
1. Brasil: história indígena 980.41
2. Índios do Brasil 39(=1.81-82)

Editado conforme o Acordo Ortográfico da Língua Portuguesa de 2009.

1ª edição, 1998

2ª edição revisada, 2020 - 6ª reimpressão, 2023

Disponível também na versão digital no formato ePub (ISBN 978-65-86028-03-4)

Editora Peirópolis Ltda.
R. Girassol, 310F – Vila Madalena,
São Paulo – SP, 05433-000
tel.: (11) 3816-0699 | cel.: (11) 95681-0256
vendas@editorapeiropolis.com.br
www.editorapeiropolis.com.br

A terra dos mil povos

Kaká Werá Jecupé

História indígena do Brasil contada por um índio

Segunda edição revisada

A **Tamãl Werá Poty**, pelos ensinamentos ancestrais guaranis.
A **Pehon** e **Pohi**, pelos ensinamentos craôs.
A **Apoena**, pela sabedoria xavante do tempo e do sonho.
A **Tujá**, meu avô, pelo amor que provê a terra.
A **Nandejara**, pelos ensinamentos do coração.
À tribo de **Yvy Mora Ey**, por sustentar meus passos.
Lua, Sol, e minha família deste chão de três faces.
Aos quatros cantos sagrados; à terra, à água, ao fogo,
ao ar e à chama de três fogos.
Às árvores que se ofereceram em sacrifício para que estas palavras
pudessem ser impressas.
E a todos os que trabalharam na confecção deste livro.

Eu tive um sonho.

O Criador do mundo apareceu e me disse que os animais estão desaparecendo, morrendo ou fugindo.

Nós precisamos arrumar jeito de aumentar a população dos animais, proteger o lugar onde eles vivem. Porque, se o povo indígena deixar de comer carne de caça, vai deixar de sonhar. E são os sonhos de poder que mostram o caminho a seguir.

Sibupá Xavante

A terra dos mil povos

Prefácio de Janice Thiél

Aprendi com Kaká Werá Jecupé que as palavras traduzem o espírito, que o espírito é música e que o corpo expressa essa música. Portanto, as palavras devem ser proferidas en-cantando e entoando a porção de luz que mora no coração. Com Werá Jecupé aprendi que existem vozes que entoam os saberes dos povos indígenas brasileiros. Sua voz constitui esta obra, **A terra dos mil povos**, originária de sua percepção e reflexão sobre esses saberes da tradição oral milenar, que em sua primeira edição, em 1998, também deu origem a uma tradição estética e literária indígena escrita.

O autor inaugura, portanto, uma expressão literária que torna visível a voz nativa brasileira, apagada ou esquecida por séculos de colonização. A literatura indígena de expressão oral sempre fez parte da cultura indígena. Mais de 200 povos indígenas habitam o Brasil hoje e seus conhecimentos e histórias míticas e sagradas têm sido compartilhadas por gerações, sustentando o vínculo entre elas e mantendo vivas tradições milenares.

Assim, aprendi com a obra de Jecupé que existe, sim, literatura indígena brasileira, que deve ser lida conforme parâmetros próprios de autoria, gênero literário e construção multimodal. Quando ouvi pela primeira vez o nome do autor em uma aula, preparando-me para o doutorado, tornei-me consciente de quanto desconhecia as diferentes vertentes da literatura brasileira e como o letramento que recebemos na escola não nos prepara para ler essa literatura e compreender sua complexidade. Portanto, a publicação de obras indígenas faz mais do que promover a inclusão das etnias nativas: promove o letramento histórico, literário, cultural e crítico de leitores e cidadãos.

A obra **A terra dos mil povos** tornou-se *corpus* de minha pesquisa, mas representou muito mais que material de análise literária: fez com que reconhecesse lacunas de formação leitora em nossa educação escolar, que resultam

em estereótipos relacionados aos nativos. Portanto, a obra *A terra dos mil povos* promove a percepção de como as tradições indígenas das Américas contribuem para a diversidade de conhecimentos, perspectivas e a construção de novas visões de mundo para índios e não índios.

Em sua obra, Werá Jecupé traduz para leitores das mais diversas etnias o que significa ser índio, outra perspectiva da história dos povos indígenas brasileiros, sua diversidade e a relevância da memória cultural. Lacunas de conhecimento sobre a presença e contribuição indígena são preenchidas, bem como são adicionadas informações sobre a influência da colonização sobre as etnias indígenas desde o primeiro contato até hoje.

Jecupé destaca o valor dos nomes, recebidos ou escolhidos e, nesta edição, traz algo que não havia na primeira publicação: o autor inclui um capítulo com nomes representativos das culturas indígenas brasileiras e suas biografias. Jecupé constrói uma linhagem destacando líderes indígenas que fazem parte da história e memória brasileiras por sua voz de resistência à supressão das culturas indígenas, com projetos nas mais variadas áreas de atuação como cidadãos.

A literatura indígena brasileira trilha, desde a primeira publicação de *A terra dos mil povos*, uma trajetória de valorização e reconhecimento, por meio de premiações, estudos e eventos acadêmicos e midiáticos. Surgiram ao longo desses anos nomes que têm promovido o protagonismo indígena e projetado a literatura e as culturas nativas, tais como Daniel Munduruku, Eliane Potiguara, Graça Graúna e Davi Kopenawa, entre outros. Além disso, diversas nações indígenas têm publicado sua História e histórias, divulgando sua cultura.

Saúdo o empenho de Werá Jecupé e de todos os envolvidos nesta segunda edição da obra ***A terra dos mil povos***. Que este livro possa novamente ser gerador de mudanças e pensamentos no sentido de conhecer e respeitar a diversidade cultural e literária brasileira, em especial das etnias indígenas, presentes nesta terra há milênios, e que contribuem com saberes tão relevantes no mundo de hoje.

Janice Cristine Thiél, professora da área de Letras da PUC-PR

Eu sou Kaká Werá Jecupé

Kaká é um apelido, um escudo. De acordo com nossa tradição, uma palavra pode proteger ou destruir alguém; o poder de uma palavra na boca é o mesmo de uma flecha no arco, e por isso às vezes usamos apelidos como patuás.

Werá Jecupé é meu tom, ou seja, meu espírito nomeado. De acordo com esse nome, meu espírito veio do leste, fazendo um movimento para o sul, entoando assim um som, uma dança, um gesto do espírito para a matéria, que nos apresenta ao mundo como se fosse uma assinatura. Essa assinatura registrada na alma me faz algo como neto do Trovão, bisneto de Tupã. É dessa maneira que somos nomeados, para que não se perca a qualidade da natureza de que descendemos.

Para a cultura guarani, na qual fui iniciado, em São Paulo, onde nasci, o ato da nomeação é a manifestação da parte céu de um ser na parte terra. O céu é o mundo espiritual, a raiz de todos nós. A terra é a contraparte material do espírito. Essa cultura se fundamenta em uma tradição que vem desde quando a noite não existia e se chama **Arandu Arakuaa**, "sabedoria dos ciclos do céu" ou "saber do movimento do Universo". E é também sobre os fundamentos dessa tradição que vamos falar.

Na terra, meus pais não são Guarani – eles vieram de Minas Gerais, ladeando o São Francisco. Ficaram conhecidos no passado como Tapuia. No entanto, minha família se considera um grupo de "guerreiros sem armas" ou, como gosto de me apresentar, *txukarramãe*. Os antepassados de meus pais eram do rio Araguaia. São clãs totalmente diferentes dos Guarani, povo em que fui batizado. Devo, no entanto, dizer que não são os mesmos Txukarramãe presentes hoje no Alto Xingu, da família kayapó. Apresento-me como *txukarramãe* pelo fato de ser um guerreiro sem armas, simplesmente. E, como meus pais já se foram para a terra sem males, comecei a tarefa, a partir dos ensinamentos que me foram passados, de difundir a tradição, plantando agora, para o próximo ciclo da natureza cósmica nessa terra chamada Brasil, sementes ancestrais para o florescimento de uma nova tribo.

Também passei por cerimônias de iniciação e reverência a meus antepassados do Araguaia, banhando-me e cantando em suas águas, com o acompanhamento de parentes Xavante, seguindo um impulso de meu coração. Andei por cerrados, pela mata Atlântica, pelas serras, de aldeia em aldeia, de Norte a Sul do país, colhendo a sabedoria deixada por seres de cabeças brancas, seres de cabelos por nascer, em plantas, animais, pedras.

Contudo, nem sempre fui assim. Na infância, distanciei-me dessa tradição quando fui estudar na escola pública, onde aprendi a arte de ler e escrever. Após quase quinze anos longe de minhas raízes, iniciei uma peregrinação à procura de meu espírito, que foi reencontrado novamente entre os Guarani e foi consagrado, depois de muitos atos de purificação de boa parte de minhas ignorâncias e mazelas, no belíssimo Tocantins, pela cultura krahô, onde passei a ser conhecido como **Txutk**, "semente de fruto maduro".

Nessas andanças conheci mil povos, vivenciei suas riquezas: o pensamento, a sabedoria, os ritos, os mitos e a medicina sagrada nativa. No mundo espiritual, reencontrei os ancestrais, os antepassados, as divindades anciãs, as entidades da natureza e meu clã antepassado, em que busco, sempre que posso, sabedoria.

A peregrinação na terra e o encontro espiritual me permitiram vivenciar a essência desses mil povos, a qual pretendo expor aqui, como parte da tarefa que desenvolvo atualmente, que é difundir os ensinamentos ancestrais: a tradição do Sol, a tradição da Lua e a tradição do sonho.

Meus pés percorreram serras, montanhas, florestas e rios que geraram nossos antepassados. Meus olhos percorreram olhos de parentes desamparados da própria história devido à morte ou ao silêncio de nossos velhos. Apalpei a terra estéril e a árvore seca pela raiz fraca em um poente que cobria a vida com um tom pálido. Era a alma do mundo dizendo que um ciclo havia terminado e que, naquele instante, da soma das sabedorias das antigas tribos que o poente insistia em iluminar, mesmo que palidamente, uma nova tribo amanheceria como Sol. Para isso, as raízes teriam que ser resgatadas, a terra precisaria ser recuperada e revitalizada. Foi assim que um menino buscou um guerreiro que buscou um clã que buscou o coração. E todos se puseram a trabalhar para trazer a milenar sabedoria para as novas gerações, trazer de volta a ciência sagrada enquanto essência, para que seu aroma ampare e permeie como bálsamo os corações e as mentes das futuras gerações.

O que é índio?

O índio não se chamava nem se chama de índio. O nome "índio" veio dos ventos dos mares do século XVI, mas o espírito "índio" habitava o Brasil antes mesmo de o tempo existir e se estendeu pelas Américas para, mais tarde, exprimir muitos nomes, difusores da tradição do Sol, da Lua e do sonho.

Então, o que é índio para o índio? Eu vou responder conforme me foi ensinado por meus avós, pelo **Ayvu Rapyta**, passado de boca a boca com a responsabilidade do fogo sobre a noite estrelada, e pelas cerimônias e pelos encontros por que tenho passado com os ancestrais na terra e no sonho.

Para aprender o conhecimento ancestral, o índio passa por cerimônias, que são celebrações e iniciações para limpar a mente e compreender o que nós chamamos de tradição, que é aprender a ler os ensinamentos registrados no movimento da natureza interna do ser. O ensinamento da tradição começa sempre pelo nome das coisas.

É dessa maneira, então, que começaremos.

Para o índio, toda palavra tem espírito. Um nome é uma alma provida de um assento, diz-se na língua ayvu. É uma vida entonada em uma forma. Vida é o espírito em movimento. Espírito, para o índio, é silêncio e som. O silêncio-som conta com um ritmo, um tom, cujo corpo é a cor. Quando o espírito é entonado, torna-se, passa a ser, ou seja, ganha um tom. Antes de existir a palavra "índio" para designar todos os povos indígenas, já havia o espírito índio espalhado em centenas de tons. Os tons se dividem por afinidade, em clãs, que formam tribos, que habitam aldeias, que, por sua vez, constituem nações. Os mais antigos vão parindo os mais novos. O índio mais antigo dessa terra hoje chamada Brasil se autodenomina **Tupy**, que, na língua sagrada, o abanhaenga, significa: **tu** = "som", "barulho"; e **py** = "pé", "assento"; ou seja, o som de pé, o som assentado, o entonado. Assim, índio é uma qualidade de espírito posta em uma harmonia de forma.

Cabe lembrar que tudo entoa: pedra, planta, bicho, gente, céu, terra. É assim, como foi ensinado por meus avós, que as vidas acontecem. E, para existir uma harmonia de forma, para compor tudo o que entoa, grandes entidades da natureza, especialistas em escultura, arquitetura, engenharia, pintura, música e operários da Criação trabalham incessantemente dirigidos por divindades anciãs, a que chamamos **Nanderus**, e pela própria Mãe Terra, que por sua vez são dirigidos pelos mais antigos antepassados, que se tornaram estrelas, os anciães da raça. De acordo com a tradição, quando uma contraparte da humanidade se tornar estrela, a Terra alcançará sua meta de ser Estrela Mãe.

Os Nanderus são os ancestrais do ser humano. Essas divindades têm muitos nomes, pois somos muitas nações com muitas línguas diferentes, ou seja, muitas formas de perceber as realidades sagradas. Esses especialistas da natureza podem ser chamados de entidades sagradas, as quais, juntamente com as quatro divindades dirigentes, formam o que o índio chama de ancestrais primeiros. É da natureza do índio reverenciar os ancestrais, os antepassados. E ele faz isso em sinal de gratidão, pois foram eles os artesãos, os modeladores e os moldes do tecido chamado corpo, feito dos fios perfeitos da terra, da água, do fogo e do ar, entrelaçando-os em sete níveis do tom que somos, assentando o organismo, os sentimentos, as sensações e os pensamentos que comportam um ser, que é parte da grande música divina.

Em gratidão e memória dos que amalgamam o pote-corpo para que a palavra habite, se expresse e flua, existem os ritos, as cerimônias, as danças e os cantos sagrados. Como a terra é a própria materialização da expressão de todos os espíritos, alguns povos de passado recente chamaram o conjunto de celebrações e ensinamentos de tradição da Grande Mãe.

Em essência, o índio é um ser humano que teceu e desenvolveu sua cultura e sua civilização de modo intimamente ligado à natureza. A partir dela, elaborou tecnologias, teologias, cosmologias e sociedades, que nasceram e se desenvolveram de experiências, vivências e interações com a floresta, o cerrado, os rios, as montanhas e as respectivas vidas dos reinos animal, mineral e vegetal.

Há inúmeras características e formas de relações do índio com a natureza, o que provocou o florescimento de muitas etnias, muitas variedades de línguas, muitos costumes.

Estudos dos antropólogos registram mais de 387 povos chamados indígenas. São povos que têm costumes e línguas próprios. Por incrível que pareça, alguns deles nunca se encontraram, mesmo habitando aqui há milhares de anos. E, segundo os mesmos antropólogos, desta diversidade e pluralidade cultural, há quatro troncos culturais básicos, dos quais se ramifica uma grande variedade de dialetos indígenas: tupi, karib, jê e aruak. Desses, o mais marcante foi o tupi, que ultrapassou os limites da floresta e penetrou na civilização ocidental que aqui se instalou no século XVI, influenciando hábitos, línguas e técnicas que perduram no cotidiano brasileiro.

Ao contar sua história, um índio, um clã, uma tribo, parte do momento em que sua essência-espírito permeou a terra e relata a passagem dessa essência-espírito pelos reinos vegetal, mineral e animal. Há tribos que começam sua história desde quando o clã era formado por seres do espírito das águas, outras trazem sua memória animal como início da história, e há aquelas que iniciam sua história a partir da árvore que foram.

Nos milhares de anos em que esses povos vêm se desenvolvendo por estas terras, fundamentaram-se três grandes tradições: do Sol, da Lua e do sonho. Atravessaram três estações cósmicas: Jakairá, Karai e Tupã. Nesta quarta estação, procuram fazer a síntese das tradições anteriores, que podemos chamar de tradição da Grande Mãe – não porque essa variedade de povos aqui existentes assim a nomearam, mas porque, na diversidade de ritos e culturas, têm em comum o culto e a reverência à Mãe Terra, que ofertava (e oferta) tudo de que necessitam.

A cultura de reverência à Mãe Terra foi se formando ao longo dos ciclos das estações da natureza com os povos aqui existentes, e houve um momento em que floresceu na região amazônica, onde a sabedoria deixou rastros pelos fragmentos da terra.

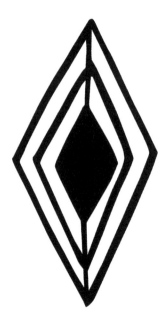

Índios: os negros da terra

Segundo os historiadores, quando Cristóvão Colombo saiu da Espanha com destino à Índia e chegou à América, enganou-se, chamando os filhos desta terra de índios. E o termo "índio" acabou sendo, com o tempo, adotado para designar todos os habitantes das Américas.

No Brasil, no entanto, no início do "descobrimento", os povos daqui eram chamados "negros" – por não serem brancos como portugueses, franceses, holandeses e espanhóis que aqui transitavam e por lembrarem os africanos, já conhecidos daqueles povos. Eram os negros da terra, assim conhecidos nos primeiros séculos após a chegada dos portugueses, principalmente na região de São Paulo. Contudo, a nomeação variava de lugar para lugar. Na região baiana, onde eram escravizados ou aliciados para extrair o pau-brasil, ficaram conhecidos como "brasis" ou "brasilienses". Ou seja, gente da terra do pau-brasil. Os nomes variavam também de acordo com o povo, a etnia. Por exemplo, o povo de Porto Seguro, na Bahia, segundo a descrição de Pero Vaz de Caminha, tinha a pele avermelhada, uma altura média de 1,60 metro, rosto arredondado, lábios finos, cabelos negros, lisos e compridos, pouca barba, dentes sadios e bem implantados. O povo "contatado" na região paulista tinha "corpo gigante", peito largo, pele escura, lábios grossos, cabelos curtos.

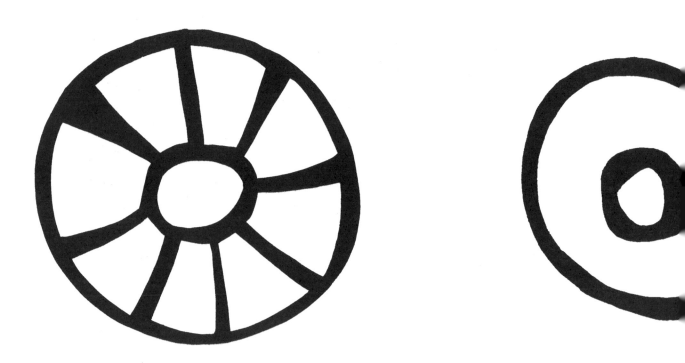

A
Terra
Dos
Mil
Povos

Tupi, Guarani, Tupinambá, Tapuia, Xavante, Kamayurá, Yanomami, Kadiweu, Txukarramãe, Kaingang, Krahô, Kalapalo e Yawalapiti são nomes que pulsam no chão dessa terra chamada Brasil, formando raízes, troncos, galhos e frutos.

São raças? Nações? Etnias? São a memória viva do tempo em que o ser caminhava com a floresta, os rios, as estrelas e as montanhas no coração e exercia o fluir de si.

Esses clãs, tribos, povos têm uma árvore em comum que remete aos nomes: Tupy, Jê, Karib e Aruak. No entanto, antes da chegada das grandes canoas dos ventos do século XVI, o que podemos chamar de povo nativo era olhado e nomeado, do ponto de vista tupi, como filhos da Terra, filhos do Sol e filhos da Lua. Na língua abanhaenga também dizia-se Tupinambá, Tupy-Guarani e Tapuia. Os povos Tapuia eram uma vastidão nômade, de muitos dialetos, que seguiu a tradição do Sonho. Os Tupy dividiam-se em Tupinambá e Tupy-Guarani e pegaram dos anciães da raça vermelha as tradições do Sol e da Lua.

A história indígena do Brasil transcorre, então, com a germinação dessas três qualidades de povos: os povos da tradição do sonho, os da tradição do Sol e os da tradição da Lua.

A tradição do Sol e a da Lua, em um passado remoto, eram uma só e foram ensinadas pelos anciães da raça vermelha como **Ayvu Rapyta**, que pode ser traduzido como "fundamentos do ser", ou "fundamentos da palavra habitada", pois o termo **ayvu** significa "alma", "ser", "som habitado", "palavra habitada". A raça vermelha é ancestral de todos os principais troncos culturais nativos e deixou como herança a tradição una que com o tempo foi bipartida, tripartida, multiplicada devido às ações humanas diante dos ciclos da natureza terrena e cósmica e suas respectivas leis. Já a tradição do Sonho foi germinada pelos filhos da terra, ou seja, os povos que foram designados como Tapuia, pelos Tupy remanescentes da raça vermelha, depois do grande dilúvio, que, segundo a sabedoria sagrada, foi o encerramento do ciclo de Tupã.

Arandu Arakuaa

Grande parte da cultura dos povos nativos brasileiros traz em mitos, cerimônias e filosofias (ligadas às tradições do sonho, do Sol e da Lua) um conjunto de práticas e ensinamentos que fizeram parte do ciclo de Tupã. E foi no início desse ciclo que **Ayvu Rapyta** se disseminou entre os futuros Tupinambá e Tupy-Guarani.

Para entender o que é o ciclo de Tupã, torna-se necessário saber que os anciães da raça vermelha detinham uma ciência que chamamos **Arandu Arakuaa**, que trata da lei dos ciclos da terra, do céu e do homem.

De acordo com a ciência sagrada, o ciclo de Tupã faz parte de uma das quatro estações da natureza cósmica. Em cada estação reina um dos quatro **Nande Ru** [pronuncia-se "nhanderu"], divindades que comandam os quatro cantos do espaço, que, por sua vez, comandam os quatro elementos sagrados: terra, água, fogo e ar, que interagem com o crescimento e o desenvolvimento do ser humano, bem como de todo o conjunto de vidas. As estações estão representadas pelas quatro direções: leste, sul, oeste, norte.

Os ciclos ou as estações se movimentam, tendo no centro Nandecy, a Mãe Terra, que dança com a tarefa de tornar-se uma estrela-mãe. Cada ciclo reflete-se em provas, desafios, aprendizados para todos os reinos.

O primeiro ciclo foi regido por Jakairá, divindade responsável pelo espírito, pela substância, pela neblina e pela fumaça.

O segundo ciclo, por Karai Ru Ete, divindade responsável pelo fogo e pela luz.

O terceiro ciclo, por Tupã, divindade responsável por raios, trovões e águas.

O quarto ciclo, por Namandu, que se responsabiliza pela terra, mas que é o grande mistério. Namandu antecede todos os ciclos e permeia tudo; é a grande unidade, embora seja um ser tribo.

Cada ciclo se entrelaça com todos os reinos de vida – mineral, vegetal, humano, supra-humano, divino – e se intercala em tons pelos três mundos que se entremeiam e formam tudo o que vemos. Pela leitura da natureza, a aranha ensina como funciona esse entrelaçamento de mundos que é o mundo. Na tecedura estão escritos os princípios da tradição.

Tupã

Foi durante o primeiro grande ciclo da Terra, com Jakairá, que ela, a Mãe Terra, foi verdadeiramente povoada. Era a época das tribos-pássaros e dos povos arco-íris.

As tribos-pássaros deixaram os mistérios sagrados para a humanidade que estava por nascer, já no segundo grande ciclo, comandado por Karai Ru Ete, o senhor do fogo sagrado, que criou a roça para o nascimento e desenvolvimento do homem-lua e da mulher-sol, que gerou a tribo vermelha, que, por sua vez, dos mistérios herdados, principiou a elaboração do **Ayvu Rapyta**. É desse momento remotíssimo que vem a raiz das culturas dos povos da floresta.

Cada grande ciclo impôs desafios próprios ao amadurecimento das tribos humanas. O grande desafio do ciclo de Jakairá, que se manifesta na Terra ora como neblina ou bruma, ora como "um grande amanhecer circundado de relâmpagos em vestes rosadas", foi a coragem para a liberdade. Coragem de penetrar em seu sagrado mistério. Aqueles das tribos-pássaros não ousaram deixar como herança para os futuros filhos da terra a qualidade do medo, que, com o movimento das estações, foi se tornando um espírito que se agarrou nos ossos humanos, gerando, tempos depois, as diversas formas de escravidão.

Já no tempo de Karai Ru Ete, o senhor do fogo sagrado, o grande desafio foi a descoberta da noite, que gerou outros tantos, pois dela, quando se olha de determinado ponto, parece que o homem-lua e a mulher-sol estão separados. E desse ponto nasceram três espíritos: o espírito do sono, o espírito do sonho e o espírito da ilusão. E cada um desses filhos da noite criou para as futuras gerações sua própria realidade.

No tempo de Tupã, o senhor dos trovões e das tempestades, comandante das sete águas, o grande desafio foi o poder. A bênção colocada na orelha esquerda chama-se *arandukua* (inteligência) e a posta na orelha direita, *mbaekua* (sabedoria). Na cabeça humana fez sua pintura, chamada pensamento, que não é outra coisa senão seus raios e seus trovões sagrados em ação, e o corpo são as águas das emoções e dos desejos que se movimentam para o criar e o destruir.

Esse foi o mais difícil ciclo para a Mãe Terra, pois a humanidade quase a extinguiu, colocando em risco a dança sagrada da galáxia pelo mau uso que fez do poder de criar.

Isso ocorreu pelo fato de os povos dessa época terem acumulado em seu sangue as más sementes dos ciclos passados: os espíritos do medo, do sono, da ilusão, da escravidão, do sonho nublaram o ser de esquecimento, o que gerou no ciclo de Tupã a posse, a disputa e o apego, ampliados pela consciência do poder.

Tupã reagiu limpando todo o mal com o sal da terra. As águas abraçaram a Mãe, para que ela não morresse desse mundo. No ciclo anterior, de Karai, o fogo separara o que tinha que separar e unira o que tinha que unir. E, no primeiro ciclo, o de Jakairá, foram os ventos que fizeram isso.

Ao fim de cada estação, para aqueles que não haviam superado suas lições e seus desafios, foram deixados os meios de vencerem a si mesmos, separando as boas e as más heranças dos antepassados. Tupã deixou sua essência em nós para exercitarmos a arte de criar e destruir. Tupã significa "grande som" na língua abanhaenga, língua que originou o tupi. **Tu** quer dizer "som" e "barulho", e **pan**, "expansão", "fluir". Sua essência manifestada é a palavra, assim como sua contraparte não manifestada é o pensamento. Os anciães da grande tribo vermelha que venceram todos os ciclos anteriores deixaram, então, os meios, os fundamentos e a sabedoria de cada tempo antigo para que seus netos se erguessem e seguissem a caminhada sagrada da vida.

O corpo-som do ser

Os povos indígenas brasileiros, mais precisamente os Tupinambá e os Tupy-Guarani, descendem de ancestrais chamados pelos antigos de Tubuguaçu, povo que detinha certa sabedoria da alma, ou seja, do **ayvu**, o corpo-som do ser. A partir dessa sabedoria ligada a uma ciência do sagrado, eles desenvolveram técnicas – na verdade, intuíram técnicas – de afinar o corpo físico com a mente e o espírito.

Os Tubuguaçu entendem o espírito como música, uma fala sagrada (**nê-en-porã**) que se expressa no corpo; e este, por sua vez, é flauta (**u'mbaú**), por onde flui o canto que expressa o **avá** (ser-luz-som-música), que tem morada no coração.

Essa flauta é feita da urdidura de quatro angás-mirins (pequenas almas) que fazem parte dos quatro elementos: terra, água, fogo e ar. Eles precisam estar afinados para melhor expressar o **avá**, que é a porção-luz que sustenta o corpo-ser, que, para os ancestrais, é o fogo sagrado que move os guerreiros, dando-lhes vitalidade e capacidade criativa e realizadora.

Por isso fez-se o **jeroky**, a dança, com o fim de afinar todos os espíritos pequenos do ser. Para que cante sua música no ritmo do coração da Mãe Terra, que dança no ritmo do coração do Pai Sol, que, por sua vez, dança no ritmo do **Mboray**, o amor incondicional, abençoando todas as estrelas. Dessa maneira, cada um pode expressar com seu corpo a harmonia, entrando em sintonia com Tupã Papa Tenondé, o grande espírito que abraça a Criação.

Compreendendo o ser como um **tu-py**, um som-de-pé, os antigos afinavam o espírito a partir dos tons essenciais do ser, tons que participam de todos os seres. Os tons essenciais que formam o espírito são o que a civilização reconhece como "vogal".

Cada vogal vibra uma nota do espírito que os ancestrais chamavam de angá mirim, que comporta o **ayvu**, estruturando o corpo físico. São sete tons, e quatro deles referem-se aos elementos terra, água, fogo e ar, coordenando a parte física, emocional, sentimental e psíquica do ser. E três desses sons referem-se à parte espiritual do ser.

Eis os tons: **ÿ** (uma espécie de "u" pronunciado guturalmente), **u** (vibrando da mesma maneira que o "u" da língua portuguesa), **o, a, e, i** (vibrando da mesma maneira que na língua portuguesa) e, por último, o som "insonoro", que não se pronuncia, mas que, na antiga língua abanhaenga, mãe da língua prototupi, se pronunciava unindo aproximadamente os sons mudos de **mb**, gerando palavras como **Mbaekuaa, Mboray** ("sabedoria" e "amor", respectivamente).

O ser de cada tom

ÿ

Soa como um "u" gutural e é o tom do angá-mirim raiz; vibra o padrão terra do ser. Sua morada é na base da coluna. É o tom da vitalidade física, da concretização, da segurança, da determinação. Bater o pé direito no chão e liberar esse som é o ato guerreiro de estar firme no caminho.

u

É o tom do angá-mirim água e vibra nessa direção. Sua morada é o umbigo. É o tom da vitalidade emocional. Quando está no fluxo natural, manifesta o bem-estar emocional e estimula a criatividade. Quando o corpo está preso, dançar solta as más águas.

o

Vibra o tom do angá-mirim fogo e mora no plexo. Os amigos pajés chamavam-no **Kuaracymirim**, ou seja, pequeno sol do ser. Sua vibração irradia o **ayvu**, e dançar pode purificá-lo.

a

Vibra o tom do angá-mirim ar e mora no coração. Essa vibração faz a união do céu com a terra, ou seja, das partes interna e externa do ser. Seu tom vibra os sentimentos.

e

Vibra na altura da garganta. Ali esse tom faz morada. É a própria expressão da alma atuando na forma da palavra. Essa região é responsável pela liberdade da alma. É a **nêe-porã**, a fala sagrada do ser.

i

Este tom mora na gruta sagrada do ser, que se localiza no fundo da cabeça, na direção entre os olhos. Ele estabelece ligação com o sétimo tom, que é o silêncio. Favorece a intuição durante a dança.

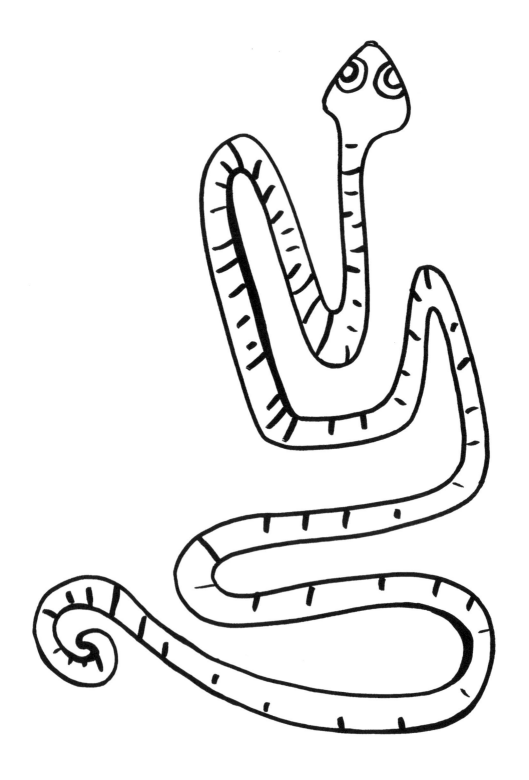

A memória cultural

A memória cultural se baseia no ensinamento oral da tradição, que é a forma original da educação nativa, que consiste em deixar o espírito fluir e se manifestar por meio da fala aquilo que foi passado pelo pai, pelo avô e pelo tataravô. A memória cultural também se dá por grafia-desenho, maneira de guardar a síntese do ensinamento, que consiste em escrever com símbolos, traços, formas e deixar registrado no barro, no trançado de uma folha de palmeira transformado em cestaria, na parede e até no corpo, por exemplo em pinturas feitas com jenipapo e urucum.

Um narrador da história do povo indígena começa um ensinamento a partir da memória cultural de seu povo, e as raízes dessa memória cultural têm início antes de o tempo existir. O tempo chegou depois dos ancestrais que semearam as tribos no ventre da Mãe Terra. Os ancestrais fundaram o mundo, a paisagem e, de si mesmos, fundaram a humanidade. Foi nesse momento que o tempo surgiu.

Para o povo indígena, a origem da tribo humana está intimamente ligada à formação da Terra, assim como o tempo está intimamente ligado à formação da humanidade. O tempo organizou o espaço dos ancestrais, do homem, da paisagem, das tribos.

A formação da Terra está ligada ao coração do Sol, da Lua e das estrelas. Na consciência indígena, tais seres também fazem parte do grande conselho dos ancestrais, de maneira que pertencemos, pela memória e pelo sangue, também à parte descendente. Essa visão pode ser chamada de "cosmologia nativa".

Os ancestrais

Antes de prosseguir, convém saber mais sobre o pensamento indígena, baseado na síntese de sua memória cultural, acerca de "ancestrais", de "fundação do mundo" e de "humanidade". Ancestrais são também conhecidos como trovões criadores, anciães arco-íris ou pássaros guerreiros; as nomeações variam de povo para povo e dependem dos ciclos imemoriais em que se ergueram. Mas, em essência, os quatro principais troncos culturais nativos – Tupy, Aruak, Karib e

Jê – trazem essa definição como parte do que poderíamos chamar de "filosofia indígena", segundo a qual entre os trovões criadores há os que são encarregados de criar "mundos" e os incumbidos de criar "humanidades". Fazem parte do poder criador dos ancestrais primeiros o Sol, a Lua, o arco-íris, a terra, a água, o fogo e o ar, regidos por Jakairá, Karai Ru Ete, Tupã, Namandu – estes, por sua vez, colaboram para gestar a tribo humana. Para o povo indígena, a natureza não atua mecanicamente dentro da Mãe Terra.

Cada nação ou clã guarda em sua memória cultural sua ascendência dentro do reino da natureza de acordo com o pensamento de ancestralidade. Guarda a memória dos pais e da interação desses ou, como dizem, do namoro dos Pais Trovões com a Mãe Terra.

Alguns exemplos: o povo Karajá mantém, por meio de sua memória cultural, o reconhecimento de que veio do espírito das águas, ou seja, para ingressar no reino humano passou pelas águas, reconhecidas como um espírito-mãe a que ele denomina Aruanã; o povo Tupy-Guarani mantém em sua memória o reconhecimento de que foi gerado pelo Sol e pela Lua quando estes habitaram a Terra como homem-lua e mulher-sol; o povo Xavante desenha no rosto um "girino" para referenciar a origem humana a partir das águas e pinta o corpo de vermelho e preto com traços que aludem à ancestralidade.

No passado era difícil compreender o conceito indígena de ancestralidade, mas hoje, com o reconhecimento científico de que o ser humano passou por vários estágios evolutivos até chegar ao homem, talvez seja mais fácil reconhecê-lo.

Houve um tempo em que as tradições do Sol e a da Lua foram quebradas, e o índio perdeu a consciência de suas duas partes antepassadas: Tupinambá e Tupy-Guarani. Naquele momento, havia no Brasil algumas civilizações nativas, que os Tupinambá chamaram de Tapuia.

Os dois clãs que se partiram eram mais velhos de espírito e herdavam um grande conhecimento quando seus antepassados habitavam terras anteriores a esta, que foram submergidas pelo ato de Tupã na mudança da estação passada da Terra.

Esses clãs desenvolveram uma medicina e uma tecnologia intimamente ligadas à Mãe Terra, porém apresentavam divergências entre si. Uma parte, Tupinambá, tinha a ascendência ligada ao Sol e se tornou expansiva. A outra parte, Tupy-Guarani, tinha a ascendência ligada à Lua e se tornou mais introspectiva. Os filhos da Lua continuavam o culto à Mãe Terra, pois sabiam-se intimamente parte dela. Os filhos do Sol desejaram se expandir pelos quatro cantos da Terra. Achavam que tinham de civilizar os clãs que eles nomeavam Tapuia, passando a ciência e a tecnologia das terras que as águas afundaram.

As diversas tribos se comunicavam, cada uma a seu modo, com os espíritos da natureza e suas divindades, ou seja, com as outras formas de vida: os seres da terra, da água, do fogo e do ar; os espíritos superiores, como seres-trovões, seres-estrelas, seres-arco-íris; os espíritos intermediários, por exemplo povo-planta, povo-pedra e os animais. Desenvolveram uma sensibilidade para sentir e contatar e interagir com as energias da terra, respeitando-a como divindade. Desenvolveram uma compreensão das polaridades que regem a vida presente em todas as vidas, a qual nomearam: sol e lua, o movimento e o repouso, o feminino e o masculino, o dia e a noite, o Jeguaka e o Jasuka (emblema feminino e emblema masculino), o Katamiê e o Wakmiê.

Os Tupinambá saíram de suas aldeias sagradas e encontraram pelos caminhos que iam abrindo, ao fundar novas aldeias, as tribos da terra, que estavam aqui desde antes do grande dilúvio.

Quem eram os Tapuia, filhos desse chão?

Não era um povo único. Eram muitos povos, brotados de diversos lugares: cerrado, litoral atlântico, serras. Cresciam no ritmo da terra e repentinamente se deparavam com os filhos do Sol.

Desses povos, este solo guarda fragmentos milenares, que a arqueologia recompõe, revelando aos poucos a caminhada no início de seu florescimento.

Os Tapuia, na visão dos Tupinambá, precisavam acordar seus nomes. Já os Tupy-Guarani acharam que eles precisavam recordar seus nomes. Aparentemente, não há muita diferença entre um termo e outro. No entanto, isso significou maneiras opostas de lidar com os filhos da terra.

Segundo a tradição, diz-se que nessa época os mil povos Tapuia tinham mais consciência da dimensão do sonho, e muitas tribos desenvolveram seu aprendizado a partir das lições que o sonho apresentava. Assim, eles herdaram de ciclos imemoriais passados a tradição do Sonho.

Os povos da tradição tupi chegaram a tecer templos-cidades – chamados Paititi, Manoa, Uinani – que hoje se tornaram mistérios envoltos em brumas de Jakairá, enquanto os chamados Tapuia teceram cantos e danças que ligavam o sonho à terra, no gesto das cerimônias. Ritos que servem até hoje para sustentar a fé da Mãe Terra em sua dança sagrada no Universo, pois por esses caminhos ela sabe a profunda razão de seu voo.

A memória da terra

Do ponto de vista da arqueologia, considera-se grande civilização uma cultura que tenha adquirido um grande contingente populacional, desenvolvido técnicas para lidar com o próprio ambiente e uma arte ou uma forma de expressar seu pensamento e suas ideias. A ciência considera um grande passo civilizatório a passagem do homem coletor, ou seja, que vive de acordo com o que a natureza provê naquele momento, para o homem agricultor, que por meio do conhecimento dos ciclos da natureza passa a interferir e manejar o próprio alimento.

Pelos fragmentos espalhados em sítios arqueológicos de norte a sul do Brasil, esse imenso quebra-cabeça que a Mãe Terra nos legou indica que um grande florescimento civilizatório ocorreu na região amazônica por volta de 4 mil anos atrás. Ao juntarmos a memória cultural dos povos às investigações da ciência, temos uma ideia do tipo de civilização que habitou ali nesse período.

Dos ancestrais aos antepassados

Até um passado recente, para aprender a história de um período cultural empregava-se normalmente a averiguação de documentos escritos; contudo, a arqueologia é uma maneira de descobrir e reconhecer o passado por meio de objetos produzidos pelo homem, vestígios de seus lares, restos de alimentos, instrumentos de trabalho, armas, enfeites e pinturas. Os arqueólogos chamam esses objetos de "cultura material".

A arqueologia tem como meta compreender a estrutura, o funcionamento e os processos de mudança das sociedades do passado a partir dos restos materiais produzidos, utilizados e descartados pelos indivíduos que compunham essas sociedades. A cultura material é o objeto de estudo da arqueologia. Os vestígios arqueológicos constituem documentos para o estudo da história social e material indígena.

Por causa da arqueologia, podemos dar uma noção de tempo para um povo que não contava o tempo. E pela medida desse tempo verificamos diversas passagens dos antepassados dessa terra. Por exemplo, sabermos que há cerca de 14 mil anos uma parcela significativa do território brasileiro era ocupada por populações de caçadores e coletores, segundo pesquisas feitas em regiões como as bacias do rio Madeira, em Rondônia, do rio Guaporé, em Mato Grosso, do rio Uruguai, no Rio Grande do Sul, na serra da Capivara, Piauí, regiões da Lagoa Santa, serra do Cipó, em Minas Gerais e vale do Peruaçu, em Goiás.

Caçadores, coletores, ceramistas, flecheiros e artistas são os personagens reais que os resquícios da terra vão recompondo para melhor compreendermos esse período da "Grande Mãe".

A tarefa principal do arqueólogo é fazer os objetos falarem sobre si mesmos e sobre os homens que os fabricavam. Pela arqueologia, é possível saber como se deu o desenvolvimento da tecnologia, os modos de adaptação da natureza, o aproveitamento dos recursos naturais, o desenvolvimento da arte, a dispersão de grupos, os contatos entre culturas diferentes etc. E isso acontece com a pesquisa em sítios arqueológicos.

Um pequeno objeto encontrado no chão pode contar a história de uma civilização inteira. Essa é a magia que a arqueologia nos propicia. Ao mesmo tempo, os estudiosos dessa ciência montam verdadeiros quebra-cabeças. A maior parte dos vestígios encontrados é composta de instrumentos de pedra lascada: raspadores, seixos, pontas de projétil, cacos de cerâmica. Descobrem-se também o clima, a vegetação e alguns animais de épocas remotas, como mastodonte e preguiça-gigante, que foram extintos como consequência da ação combinada de excessos de caça e do gradual aumento de temperatura que ocorreu em períodos antigos. Essas pistas registram o movimento dos que ergueram a tradição do sonho, embora não expressem nem por um lapso o espírito desses povos ou o rastro de seus conhecimentos sagrados.

É por meio delas que se verifica que não houve um povo, mas muitos povos, e que cada um se desenvolveu de diferentes maneiras. Se juntarmos a essas pistas a memória cultural nativa, vislumbramos a caminhada do pensamento, do sentimento, do conhecimento desses povos, sem nos limitarmos à evolução material e social, e temos uma ideia de tempo cronológico.

De acordo com a tradição tupi, é possível dizer que nossos ancestrais habitam o mundo espiritual e que o mundo espiritual também é dividido em quatro moradas:

• **Ambá Namandu**, morada dos espíritos anciães
• **Ambá Jakairá**, morada dos espíritos brumas
• **Ambá Karai**, morada dos espíritos fogos
• **Ambá Tupã**, morada dos espíritos trovões

Abaixo delas, fica a terra sem males, **Yvy Mara Ey**, que é a morada dos antepassados, o lugar que o ser habita por um momento após a morte terrena.

Os antepassados Tupy, Tupy-Guarani e Tapuia tiveram seus registros feitos pela **Mara Ney**, terra de provas, ou seja, o mundo em que estamos. Dos primeiros, ficaram os registros principalmente das lendas e dos mitos, pois fizeram parte de povos que foram engolidos pelo grande dilúvio da Terra, no fim do ciclo de Tupã. Já os Tapuia foram examinados, divididos e classificados por arqueólogos. Dessa maneira, temos hoje uma ideia de alguns antepassados das 206 etnias brasileiras.

Os sítios arqueológicos

Sítio arqueológico é um lugar delimitado onde se realizaram atividades humanas. Pode ter sido o local onde moravam pessoas, como uma cabana de palha e madeira. Ou uma caverna, um monte artificial, um cemitério ou um depósito de lixo. Ou, ainda, um lugar ocupado provisoriamente para a realização de caçadas ou para pintar uma parede.

Quando se encontra um sítio arqueológico, o arqueólogo trata de investigá-lo com cuidado. Os restos mais antigos costumam estar enterrados sob várias camadas de terra, areia ou pedras, e o arqueólogo tem de escavá-las de um modo específico. A arqueologia é a história contada pela própria terra, na forma de fragmentos, pedaços de um imenso quebra-cabeça, que aos poucos a humanidade recompõe.

A paisagem da memória tapuia

Enquanto as águas engoliam uma civilização e pajés da sabedoria se preparavam para levar o **Arandu Arakuaa** para Pindorama, o "lugar dos buritis", este já abrigava os antepassados Tapuia.

A terra diz aos arqueólogos que os primeiros povos brasileiros habitaram este solo entre 16 mil e 14 mil anos atrás. O clima era mais seco e mais frio, as florestas, pequenas, o mar estava bem mais distante das praias atuais, e boa parte do Brasil era formada por cerrados e caatingas. Entre diversos animais, havia os ditos pré-históricos, como mastodontes e preguiças-gigantes.

Humanos dividiam cavernas com animais e pássaros, e os povos escavavam a terra em círculo e cobriam a cavidade com palha, fazendo moradas-ventres, buracos para o amparo do sono, cobertor-terra para o corpo de sonho.

A ciência concluiu que o fogo era muito importante para os primeiros habitantes, pois em suas habitações foram encontrados vestígios de fogueiras, que serviam para protegê-los do frio, dos animais selvagens, para cozinhar a caça e para fabricar instrumentos, embora não tenha sentido o cheiro da tradição contada tendo o fogo por testemunha, avô sagrado do registro da memória.

Houve povos que deixaram uma arte até hoje muito admirada pelo mundo, a cerâmica, como a marajoara, a tapajoara, a de Santarém, a de Cunani. Essa arte estimula o homem à raiz de si.

A ciência arqueológica propicia também o conhecimento de povos que deixaram cidades que até hoje não foram encontradas, como Paititi e Manoa, inquietando a curiosidade humana por seus mistérios. Civilizações incrivelmente desenvolvidas, presentes na memória de muita gente, mas que sumiram de repente.

Na terra também ficaram marcas escritas de povos vindos de outros cantos milhares de anos antes dos portugueses: maias, astecas, incas, vikings, fenícios, assim como espanhóis e holandeses, pouco antes do "descobrimento".

Quando e como tudo isso ocorreu? Vamos verificar cada período. Como eram divididos os povos que aqui habitavam, de Norte a Sul do país, e de que maneira viviam.

O povo de Lagoa Santa

As pistas deixadas pela Mãe Terra contam que, em Minas Gerais, mais precisamente na região de Lagoa Santa, há um sítio arqueológico muito importante para o conhecimento dos homens que viveram no Brasil entre 11 mil e 7 mil anos atrás. Descobriram-se nessa região cavernas e um grande número de sepulturas com mais de duzentos esqueletos. Por esses esqueletos, soubemos que as condições de vida na época não eram fáceis. Um terço das crianças morria cedo e os adultos raramente ultrapassaram os trinta anos de idade. A "raça" de Lagoa Santa, como é chamada pelos arqueólogos, era bem diferente dos índios posteriores: estatura baixa, corpo franzino e cabeça alongada.

Os povos indígenas que habitaram essa região posteriormente tinham pele moreno-escura, cabelo enrolado e curto, quase como os do povo negro, e foram conhecidos como Puri.

O povo da flecha

Há aproximadamente 6 mil anos, as formações vegetais e as condições climáticas do Brasil já eram semelhantes às de hoje: campos extensos no Sul, rodeados de floresta subtropical pela costa litorânea, cerrados na região central e as grandes matas da floresta tropical amazônica. Nesse período, segundo a arqueologia, alguns povos se adaptaram particularmente aos campos que ladeiam as florestas no Sul do Brasil.

Eram povos que utilizavam lascas de pedra para a confecção de pequenos objetos. Segundo a arqueologia, eram caçadores, e, pelos achados, pode-se concluir que foram os responsáveis pela difusão de duas preciosas inovações tecnológicas: as boleadeiras e o conjunto de arco e flecha, que permitiam caçar animais velozes. Boleadeiras eram armas de caça formadas por duas ou três bolas de pedra amarradas numa tira de couro. Atiradas com habilidade, prendiam-se às pernas dos animais, imobilizando-os. E as flechas, como é de conhecimento de todos, são pontas afiadas, feitas de pedras ou de cristal de quartzo, presas a uma haste de madeira e arremessadas por um arco, também de madeira e vergado por um cordão.

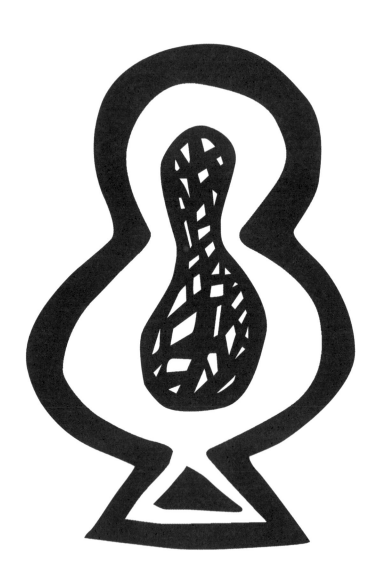

Possivelmente eram antepassados dos Guaicuru, povos que habitavam o Sul do Brasil, que apresentavam extrema habilidade no uso da lança, da flecha e das boleadeiras; um dos raros povos indígenas que dominavam a cavalaria. Eram caçadores e guerreiros, lutaram contra os espanhóis até serem extintos, mas sua presença cultural no Sul é marcante até hoje, por exemplo pela cuia do mate, pelas boleadeiras, pelo espírito guerreiro e o hábito carnívoro, característico da região.

O povo de Humaitá, guerreiros do bumerangue

Nesse mesmo período, aproximadamente 6 mil anos atrás, outro povo vivia no Sudeste do Brasil. Desconhecia tanto o arco e a flecha como as boleadeiras, segundo pesquisas feitas em sítios arqueológicos. Foi nomeado pelos pesquisadores como "povo de Humaitá" ou "povo dos bumerangues", pois encontraram-se nessa região objetos de pedra lascada em forma de lua crescente, também conhecidos como bumerangues.

Esse povo habitava a floresta, ocupando as matas próximas aos grandes rios. Não vivia somente da caça, também coletava moluscos fluviais e frutos silvestres.

O povo dos sambaquis

Sambaquis são ajuntamentos de conchas, restos de pontas de flechas, machados, cerâmicas, esqueletos, localizados em diversas regiões do Brasil, principalmente no Sul. Eles mostram aos historiadores (arqueólogos) a existência de comunidades possivelmente constituídas de caçadores e coletores, que detinham uma arte elaborada, expressa nos restos de cerâmica que contêm riqueza de símbolos e originalidade de formas.

De acordo com estudos arqueológicos, há cerca de 6 mil anos o mar começou a subir, até atingir o nível atual. Desde essa época, o litoral do Brasil, entre o Espírito Santo e o Rio Grande do Sul, passou a ser ocupado por povos que viviam dos recursos que o mar oferecia.

Embora também caçassem pequenos animais e coletassem alimentos vegetais, como coquinhos, a dieta principal desses habitantes era constituída de peixes e, sobretudo, vários tipos de molusco.

O alimento era tão abundante que esses povos não precisavam, como os do interior, mudar constantemente de local. Escolhiam um lugar mais elevado, perto da praia, de preferência próximo a uma fonte de água doce, e lá se estabeleciam por muitos anos, às vezes séculos ou mesmo milênios.

Recolhiam as conchas à beira-mar, abriam-nas no fogo e comiam os moluscos. As conchas vazias eram deixadas no chão. Com o passar dos anos, acumularam-se de tal maneira que formavam verdadeiras montanhas sobre as quais construíam-se cabanas, onde os mortos eram enterrados.

Os sambaquis devem ter abrigado uma população numerosa, que se expandiu e cresceu por quase 5 mil anos. Parece que, por reunir as características de coleta na abundância em que viviam, era um povo extremamente pacífico, até o cruzamento com nômades e guerreiros em remotas épocas.

A arte e a agricultura

Uma grande modificação em algumas tribos brasileiras se deu com a descoberta e a implementação da agricultura. Segundo a arqueologia, isso aconteceu há mil anos. No processo, o homem adquiriu a capacidade de controlar a produção de alimento, saindo da total dependência daquilo que a natureza espontaneamente lhe oferecia. Alguns dos vegetais plantados no Brasil, como milho, feijão, tabaco e algodão, foram certamente trazidos de outras regiões.

Os indígenas agricultores do Brasil, no entanto, desenvolveram os próprios cultivos: corantes, plantas medicinais, palmeiras. Uma de suas descobertas mais grandiosas foi a mandioca, raiz de grande teor nutritivo – mas com algumas espécies venenosas. Os cultivadores indígenas descobriram o modo de extrair o veneno da raiz: prensando-a e torrando-a.

Outro grande marco da vida indígena que também data dessa época foi a cerâmica. Feitos de argila e cozidos no fogo, os objetos de cerâmica tinham formas variadas e tornavam-se impermeáveis e duros.

Em sambaquis do Pará, descobriram-se vasos de cerâmica de aproximadamente 4 mil a 5 mil anos, uma das peças mais antigas das Américas.

Os povos agricultores parecem ter se difundido ao longo das margens do grande rio Amazonas e de seus principais afluentes, sem nunca terem ocupado a mata mais espessa, fato comprovado pelos sítios arqueológicos desse período, encontrados às margens das águas amazônicas.

Quando os primeiros historiadores portugueses, franceses, alemães e holandeses passaram a noticiar os povos do Brasil, diziam que os índios do século XVI eram divididos em duas raças: os Tupinambá, que dominavam a agricultura e a caça, e os Tapuia, coletores. Voltando alguns milhares de anos, pela arqueologia verificamos o que aconteceu de fato.

A arte da cerâmica e o mistério de Santarém

Uma das principais tradições cerâmicas é chamada pelos arqueólogos de "inciso ponteada" e se desenvolveu, sobretudo, ao longo do rio Tapajós e Konduri. A mais notável civilização amazônica surgiu na foz do rio Amazonas, na grande ilha de Marajó. Por volta de 3.500 anos atrás, um povo chamado Ananatuba ocupou as regiões entre as praias e a mata, construindo grandes casas isoladas, que talvez abrigassem 100 ou 150 pessoas cada.

Há aproximadamente 1.800 anos teve início um grande processo de inovação e mudança, que levou ao desenvolvimento de uma grande civilização, a chamada "cultura marajoara". Os marajoaras começaram a ser estudados há pouco tempo e ainda não conhecemos muito sobre eles.

Pelo resto das aldeias marajoaras, sabemos que se concentravam na parte ocidental da ilha, nos rios ao redor do grande lago Arari. Para fugir das inundações, construíram inúmeros morros artificiais, denominados "tesos". Era nesses terrenos elevados, alinhados em fileiras que seguiam as margens dos rios, que eles moravam. Ao longo do rio Camutins, viviam mais de 2 mil pessoas, formando verdadeiras cidades. A população total da ilha, no período de maior prosperidade, pode ter chegado a mais de 100 mil habitantes.

O povo de Itararé

Embora os sítios arqueológicos digam que a região amazônica tenha desenvolvido uma arte maravilhosa com a cerâmica e a riqueza de seus símbolos, os planaltos mais frios do Sudeste brasileiro conheceram outro desenvolvimento cultural, também concentrado na agricultura e na cerâmica, denominado "cultura de Itararé". Entre 3 mil e 2 mil anos atrás, essa cultura tinha ligações com as culturas pré-históricas do Uruguai e da Argentina. O principal alimento desse povo parece ter sido o pinhão, mas seus integrantes plantavam milho e caçavam. Devido ao frio e para escapar dos ventos do planalto, habitavam casas subterrâneas, agrupadas em conjuntos, às vezes formando grandes aldeias. As moradas eram escavadas no solo e cobertas por palha sustentada por estacas. Algumas moradias tinham até 22 metros de diâmetro; outras, menores, entre 2 e 5 metros. As habitações se comunicavam por túneis subterrâneos de grande extensão, galerias complexas, com vários ramais. Algumas podiam ter mais de 60 metros de comprimento. Esses túneis talvez tenham servido também para armazenar alimentos ou como rota de fuga.

A cerâmica de Itararé tinha cor cinza ou marrom e era simples e sem decoração. Não havia urnas funerárias nem estatuetas. A maioria dos objetos era de vasos pequenos, com boca larga, feitos para cozinhar alimentos.

Os filhos do Sol, os filhos da Lua e a Grande Mãe

Símbolos serpentinos, triângulos, animais como a rã, a coruja, a onça, o gavião; símbolos do feminino, da gravidez, da abundância, da prosperidade; e símbolos do masculino, do Sol, da flecha, da lança, da ação – todos estão presentes como códigos universais em materiais achados em sítios arqueológicos. Na verdade, são fragmentos da produção dos primeiros tempos após o fim do ciclo de Tupã.

Na região amazônica emergiram antigos ensinamentos que são mantidos até hoje em ritos e mitos dos povos indígenas. Os antepassados Tupy atravessaram as águas que apagaram o passado da raça vermelha, gerando os futuros Tupinambá e Tupy-Guarani no imenso Amazonas.

Os Tupinambá principiaram sua expansão, romperam o Brasil de Norte a Sul, influenciaram os nomeados como Tapuia, todo o povo bumerangue, o povo flecha, o povo dos sambaquis e outros. Deixaram rastro de sua língua e sua cultura pelos quatro cantos. Expandiram-se ao norte pelo rio Amazonas, ao sul pelo Paraguai, a leste pelo Tocantins e a oeste pelo Madeira. Eram viajantes, navegadores e guerreiros.

Algumas tribos seguiram a Lua e teceram um conhecimento para o interior da Terra e o interior de si. Desenvolveram a medicina do sonho, da reflexão, da filosofia e da arte; buscaram aprender com os espíritos da natureza os fundamentos da existência. Outras seguiram o Sol e desenvolveram a arte da conquista por meio da batalha, da caça, da agricultura. Desenvolveram uma medicina a partir do controle dos espíritos da natureza e passaram a manejar chuvas, plantas, culturas.

O povo bumerangue, o povo de Itararé e o povo dos sambaquis, com o passar do tempo, seriam renomeados tanto pelos futuros parentes como pelos futuros inimigos, daí florescendo em Goitacaz, Aymoré, Xavante, Krahô, Bororo etc.

A invenção do tempo

Os povos visitantes e a expansão tupinambá

Ao longo de cerca de 5 mil anos, até a época da chegada dos portugueses, muitos povos vindos do outro lado do oceano passaram pelo Brasil. Alguns apareciam para comercializar com os antigos daqui, outros, para se aventurar, e outros, ainda, para realizar operações até hoje misteriosas para os estudiosos, além de colonizações esparsas. Por aqui aportaram egípcios, cananeus, tártaros, babilônios, fenícios, hititas, hebreus.

A presença deles está registrada em escritas rúnicas em pedras milenares, ou seja, a escrita dos vikings, e em escritas com características fenícias, hebraicas, tártaras. Esses povos registraram sua passagem pelo litoral do sul do Brasil, desde Santa Catarina, passando pelo Sudeste – São Paulo e Rio de Janeiro –, até o Norte do país.

Povos de civilizações indígenas como astecas, maias e incas também deixaram sua influência e marcaram presença no lado amazônico do Brasil nesse período; com isso, constituem troncos distintos da remotíssima raça vermelha. Na região amazônica é marcante a influência de outros povos da América, principalmente na arte e na filosofia nativa.

Há 3 mil anos houve uma série de acontecimentos que originou uma grande cisão. Pois foi nesse período que começou a dominação tupy. Os Tupy, grandes navegadores de rios, caçadores e agricultores, se imbuem de espírito dominador: mudam, por exemplo, suas tradições de culto e reverência à Grande Mãe e à hierarquia dos trovões e, por algum motivo, acham que o Pai Sol pede-lhes o domínio sobre os quatro cantos. É a partir desse período que a língua e a cultura tupi se expandem por muitos povos daqui.

Segundo a memória cultural, os antepassados se dividiram entre os filhos do Sol e os filhos da Lua. Os Tupinambá seguiram um caminho guerreiro expansionista. Doutrinaram muitos povos, que se tornaram os Tupy-Guarani, e escravizaram outros tantos, os quais denominavam "Tapuia", por acharem-nos muito atrasados em relação à cultura tupi. Os Tapuia eram o povo das conchas, habitavam cavernas, moravam em beira de rio e se negavam a aceitar o tupy como língua oficial.

Os Tupy, em sua expansão, foram diversificando seus clãs: Tupinambá, Tupinikim etc. Tiveram relações comerciais no litoral brasileiro com os visitantes dos oceanos, assim como relações culturais com outras civilizações indígenas.

Nesse período, a ciência do sagrado sofreu abalo. Tal época ficou conhecida nos mitos como "tempo do esquecimento da Grande Mãe".

Muitos historiadores registram que há 2 mil anos os que seriam Tupy-Guarani desceram pelos vales dos rios Madeira e Guaporé; os Tupinambá, pelas praias do oceano e os vales dos rios Araguaia e Tocantins. Mil anos depois, Tupy-Guarani e Tupinambá se reencontraram entre os rios Tietê e Paranapanema. Fixaram-se entre o Pará e o litoral sul de São Paulo, levando muitos apelidos: no Nordeste brasileiro, Potiguar; na Bahia, Tupinambá e Tupinikim; do Espírito Santo ao Paraná, Tamoio.

O que não foi descoberto

Cabe lembrar que, na época em que Pero Vaz de Caminha escreveu a famosa carta ao rei de Portugal, existiam no Brasil, segundo estudiosos, de 350 a 500 línguas faladas e aproximadamente 20 milhões de habitantes. Era muito clara a influência do tupy em grande parte dessas línguas. Outras que também predominavam eram karib, presente nas Antilhas (América Central), na América do Sul e principalmente na região amazônica, no Alto Xingu – segundo alguns estudiosos, karib e tupy podem ter o mesmo berço, e sua origem teria sido justamente no Alto Xingu, pois conservam palavras em comum. A língua aruak se faz presente em muitos dialetos indígenas brasileiros, nas Guianas, bem como nas Antilhas e na Flórida (Estados Unidos). A jê está presente no Planalto Central brasileiro e arredores, ou seja, mais no interior do país, e só é falada em território nacional – como outras muitas línguas, fica restrita a tribos pequenas.

Por sua vez, o Tupy serviu de exemplo para os colonizadores, pois sua presença era forte na sociedade brasileira. Os padres Anchieta e Luís Figueira trataram de organizar uma gramática tupi e procuraram captar os vários dialetos para possibilitar uma comunicação maior com os povos. Assim nasceu o nheengatu, que significa "língua boa", uma espécie de esperanto indígena baseado na cultura tupi.

Dessa maneira, a cultura tupi continuou influenciando os costumes e a visão de mundo depois da chegada dos colonizadores. Os portugueses, os mestiços e mesmo a Igreja católica, no intuito de doutrinação, adotaram a língua boa e se aprofundaram no conhecimento da cosmogonia nativa. Com o tempo, a língua incorporou vocábulos portugueses, tornando-se o que os jesuítas chamavam de "língua geral dos povos", ou "língua brasílica". Essa língua só não se fixou como língua brasileira porque, em 3 de maio de 1757, seu ensino e seu uso público foram proibidos por ordem real. A Corte começou a perceber que a cultura tupi era nacionalmente reconhecida e, apesar das investidas da doutrina religiosa e social, aos poucos os povos daqui incorporavam a cultura local. Foi por essa época que Portugal providenciou uma grande leva de mulheres portuguesas para o Brasil. Além das famílias dos governantes e dos poucos colonos fazendeiros das capitanias hereditárias, quase não havia famílias portuguesas aqui.

Na cultura brasileira de hoje, 90% de fábulas, lendas e mitos conhecidos são de origem tupi, assim como os nomes dos seres da natureza – curupira, caipora, saci etc. – e vários costumes medicinais e de alimentação.

A geografia brasileira – seu relevo, rios, vales e montanhas – foi nomeada por mestiços tupi-portugueses. Entre os chamados "bandeirantes", ou "desbravadores", não havia na verdade nenhum português à frente, mas mestiços e indígenas aliciados ou escravizados, que falavam nheengatu, embora adotassem nomes portugueses, que serviam aos interesses da "Corte".

Mesmo nas tribos não tupis, o modo de construir, a agricultura, os ritos e os conhecimentos tinham bastante influência tupi.

Tapuia, Tupinambá e as canoas dos ventos

Na época da chegada de Pedro Álvares Cabral, a visão de mundo predominante nessas terras era tupi. Todos os outros povos não tupis eram chamados por eles de Tapuia, que significa "bárbaros". Os Tupy, então, dividiam essa terra em Tapuiretama e Tupiretama: lugar dos Tapuia e lugar dos Tupy.

Os antepassados dos Tupy já haviam deixado uma enorme herança cultural, de modo que havia duas línguas distintas: tupy-guarani e tupinambá, e em muitos dialetos de outros povos predominava o tupy. Uma era característica das tribos situadas no sul, entre Paraná, Rio Grande do Sul, Argentina, Paraguai, Uruguai e parte de Mato Grosso, até Cananeia, em São Paulo.

Os Tupinambá estão presentes em quase todo o litoral brasileiro, principalmente no litoral paulista, carioca, baiano e maranhense – não porque habitavam somente essa orla, mas por ser a região em que se desenvolveu a maior parte da história do homem branco e a mais documentada.

Da expansão à escravidão

Esse povo, cujos antepassados saíram há milênios do centro amazônico, expandiu-se ao norte pelo rio Amazonas, ao sul pelo Paraguai, a leste pelo Tocantins e a oeste pelo rio Madeira. Viajantes, navegadores e guerreiros, mantinham sua unidade cultural apesar da dispersão pelo imenso Brasil. Referiam-se a suas origens dando nomes de aldeias originais aos novos locais por onde passavam, como uma ramificação do grande clã antepassado. Dessa forma eram reconhecidos seus parentes. Por exemplo: Tamoio significa "os mais antigos" (os avós); Tupinambá, "os primeiros descendentes dos Tupy"; Tupinikim, "os colaterais dos Tupy, que vieram dos Tupinambá"; Tupy-Guarani, "Tupy guerreiros". E aos inimigos davam apelidos depreciativos, como Potiguar, que significa "comedor de camarão", a um povo que não tinha tecnologia da terra desenvolvida e dependia exclusivamente da pesca; Goytacaz, "errantes", "nômades", "sem paradeiro certo", a grupos que faziam parte dos Tapuia.

A grande noite da terra

Segundo historiadores, os portugueses de 1500 tinham colonizado alguns cantos da África e da Ásia. Eles chamavam de colonização o ato de se estabelecer em terras estrangeiras como se fossem deles, colocar nessas terras **feitorias** (sistemas encarregados de aquisição de bens para a Corte real portuguesa) em lugares considerados importantes, geralmente próximos ao litoral, e realizar a exploração e o comércio de riquezas locais.

No Brasil, a partir de 1500, após a chegada de Cabral, os lugares escolhidos foram Bahia, Pernambuco e Cabo Frio, onde se estabeleceram os feitores, representantes do rei na colônia e intermediários encarregados do comércio, principalmente do ibirapitanga, o pau-brasil. Aos feitores cabia adquirir as mercadorias dos nativos e armazená-las.

Os indígenas aceitaram levar aos feitores o pau-brasil num sistema permuta, ou escambo, como escreveram o historiadores. Há um registro da época, escrito por um francês chamado Jean de Léry, que ilustra bem esse período das relações nativas com os exploradores franceses e portugueses:

Em troca de camisas, chapéus, facas e outros artigos como ferramentas, que se lhes davam, os índios cortavam, desbaratavam, serravam, falqueavam e toravam o pau-brasil. Depois levantavam nos ombros os toros e os conduziam, duas ou três léguas, por montanhas e terrenos acidentados até beira-mar, aos navios ali ancorados.

Essa permuta era realizada tanto pelos feitores portugueses de Porto Seguro, Pernambuco e Cabo Frio como pelos franceses que se achegavam das costas do Rio de Janeiro e negociavam diretamente com os Tupinambá. Nos primeiros anos, os indígenas aceitaram a ideia da permuta realizada com portugueses e franceses. E não há registro de maiores problemas nos primeiros trinta anos depois da chegada de Cabral.

Então, os portugueses, que haviam recentemente se apossado do Brasil, passaram a ter como objetivo proteger as novas terras de outros exploradores. No entanto, não era possível naquele momento impedir a presença francesa no litoral carioca, a terra dos Tupinambá.

Assim, a Corte real portuguesa resolveu mudar o sistema de conquista e exploração da terra. Isso ocorreu com a vinda de Martim Afonso de Souza, em 1531, com a nova ideia de divisão do Brasil em capitanias hereditárias e o estabelecimento de colonos fazendeiros que deveriam desenvolver plantações de cana-de-açúcar, algodão e a apreensão de escravos destinados à exportação. Para isso, precisavam de trabalhadores para canaviais e algodoais, assim como de escravos. Os governos criariam um contingente de soldados, os Dragões da Coroa, dos quais sairiam as bandeiras de captura, os chamados "bandeirantes", na maioria índios aliciados ou mestiços.

Os Tupinikim e os Tupinambá, que habitavam Bahia e Pernambuco, tinham a agricultura mais desenvolvida, eram hábeis caçadores e pescadores. Assim, não se interessaram por esse sistema de grandes fazendas onde seriam a mão de obra. Os alimentos abundavam nas aldeias e ainda havia um excesso, que eles permutavam com os portugueses.

Num primeiro momento os nativos realizaram permutas por ferramentas e outros objetos que eram usados para preparar as roças enquanto construíam fortificações e derrubavam matas para a formação de lavouras das fazendas dos colonos que chegaram. E, como essas relações só poderiam ser efetivadas segundo a lei tupi, que consistia em fornecer sua mão de obra de acordo com sua liberdade e sua disponibilidade de tempo – o que contrariava as intenções de grande produtividade canavieira e algodoeira dos fazendeiros –, iniciaram-se as hostilidades.

Os colonos, então, tentaram aproveitar algumas particularidades dos descendentes dos Tupy para adquirir escravos. Uma delas era o fato de os Tupinambá e os Tupinikim terem inimigos milenares, aos quais eles chamavam pejorativamente Tapuia, Goytacaz, Potiguar: bárbaros, errantes, comedores de camarão. E outra era que, mesmo se considerando parentes, algumas tribos descendentes dos Tupy tinham rixas familiares, origem de guerras periódicas pela posse de rios ou trilhas na mata e a captura de guerreiros inimigos, que eram comidos em rituais. A ideia dos colonos era incitar guerras intertribais e capturar guerreiros para ser vendidos como escravos. Logo, os chamados Tapuia, os negros da terra, seriam os primeiros escravos da história do Brasil.

Guerras, guerreiros e escravos

Essa primeira ideia para a captura de escravos não deu certo. Isso porque o guerreiro Tupinambá ou Tupy-Guarani não gostava de negociar inimigo capturado, pois fazia parte de sua cultura comê-lo segundo costumes rituais e também porque, para um capturado, era uma honra ser contido e não escravizado.

Além disso, a colônia, nessa época, achava que os índios deveriam ser doutrinados religiosamente. Nesse momento chegaram os jesuítas, cuja tarefa era convencer os nativos a abandonar os costumes tidos como selvagens, os rituais profanos, a antropofagia, a nudez e a poligamia. Em 1549 chega a primeira missão jesuíta, chefiada por Manuel da Nóbrega, composta de oito missionários, entre os quais José de Anchieta.

A aldeia tupinambá

Destinada a durar cinco anos, a oca era erguida com varas, fechada e coberta com sapé. Seu tamanho dependia do número de pessoas que ali habitariam, que podia variar de cinquenta a cem. Sem janelas, tinha uma abertura em cada extremidade. Estava repartida em nichos, um diante do outro. Para erguer uma maloca, ou seja, um conjunto de ocas, eram necessárias de quarenta a cinquenta pessoas. Em cada nicho pendurava-se uma *ini*, rede ou esteira. Dentro da oca havia **igaçabas** (potes), cuias, **nhempepó** (panelas), gamelas, porongos, arco, flechas, bordunas, aves, animais – e, no centro, a **tatarendaba** (fogueira) sempre acesa. No alto, o *tipiti* (espremedor de mandioca), a **urupema** (peneira grande). Puçá para pescarias e **induá** (pilão).

Esses eram alguns dos costumes dos Tupinambá e dos Tupinikim da época. Os Tupy-Guarani, em muitos aspectos, apresentavam os mesmos hábitos; e alguns outros povos se entregavam a práticas bem diversas.

Na época da Grande Mãe, quando ainda fluíam as tradições do Sol e a da Lua, havia uma cerimônia dedicada à Mãe Terra que consistia em preparar uma bebida à base de cascas de fruta, armazená-la em uma *igaçaba* em forma de ventre e enterrá-la nos arredores da aldeia na noite de lua crescente; depois eles a retiravam na lua cheia com cantos e danças de reverência e gratidão. A cada indivíduo, depois de um grande brinde, cabia um gole daquela bebida mágica, que celebrava a prosperidade e a abundância que a Mãe Terra ofertava a seus filhos.

Nessa época – milênios atrás? –, não havia necessidade de batalhas nem de antropofagia. De acordo com a memória cultural, no início dos tempos todos os seres humanos conversavam e viam os espíritos da natureza, assim como os espíritos dos antepassados. Com o passar do tempo, esses mundos se distanciaram, de modo que as relações construídas com seres da natureza e espíritos somente puderam continuar pelo caminho do sonho. Alguns humanos desenvolveram a arte de manter o espírito mais vivo e se tornaram uma ponte entre os mundos apartados. Com o tempo, uns preferiram trabalhar com os espíritos pela lei da aliança e outros optaram pela lei do controle e do domínio. Esses seres eram os pajés.

No período que se seguiu à chegada de Cabral, havia vários tipos de pajé, a maior parte distante das antigas tradições e, ao mesmo tempo, inconscientemente, saudosa delas. Havia os que se aproveitavam da memória cultural dos povos para manter relações de poder ou vaidade. Existiam os visionários, pajés que tinham sensibilidade espiritual aflorada, mas faziam interpretações deturpadas das visões e dos sinais espirituais. Alguns acabaram levando muitos povos por caminhos errados. E existiam alguns grandes pajés silenciosos, reclusos, habitantes solitários de cavernas ou do interior de florestas, que, no caos, procuravam ensinar, sempre que solicitados, a arte de andar pela noite – de acordo com a memória cultural, essa época era o início da grande noite da Terra. Nesse ciclo, os descendentes dos antigos Tupy foram adormecendo a tradição.

O sonho da pacificação do branco

Quando o Brasil foi dividido pelos "capitães do mato", chamados pela história oficial também de bandeirantes, os Tapuia se refugiaram no centro do país, lugar que futuramente seria conhecido como Goiás. Tais capitães eram os governadores das capitanias. Por esse tempo, os Tupinambá, distantes da tradição do Sol, fizeram a passagem para sua morada espiritual, a terra sem males, pelo caminho da batalha. Os Tupy-Guarani, após dois séculos de guerras, buscaram a terra sem males pelo caminho da oração, com cantos e peregrinações a lugares de poder, ou seja, lugares que ligam os mundos do céu e da terra por meio de tapés, portais de luz. Os Tapuia seguiram o sonho. E, nessa época dos antigos povos Tapuia, os que mais preservaram a Tradição do Sonho foram os Xavante.

O sonho é o momento sagrado em que o espírito está livre e em que ele realiza várias tarefas: purifica o corpo físico, sua morada; viaja até a morada ancestral; muitas vezes, voa pela aldeia; e, algumas vezes, através de Wahutedew'á, o espírito do tempo, vai até as margens do futuro e caminha pelas trilhas do passado. Era o sonho que centralizava a aldeia xavante.

A aldeia xavante é semicircular, tem um formato de ferradura que se abre para o rio. As ocas são divididas nesse semicírculo da seguinte maneira: casa das famílias, casa dos solteiros, casa dos jovens, casa dos anciães. No centro fica o pátio de atividades como cerimônias, festas, roda do conselho e roda do

sonho. Foi no pátio que se narrou, a partir do sonho, o início da história do amansamento do branco.

O sonho da pacificação do branco começou em 1784, quando o tenente dos Dragões da Coroa José Rodrigues Freitão da Cunha, a mando de Tristão da Cunha – que perante o rei do povo vindo das grandes canoas dos ventos era quem governava Goiás –, embrenhou-se para apresar os Xavante, tidos como "os Tapuia do centro brasílico". No mesmo instante, na aldeia, o avô do futuro cacique Apoena sonhou que era hora de iniciar o "amansamento do homem branco".

Assim que narrou a mensagem à aldeia toda na roda do sonho, do outro lado do tempo o tenente dos Dragões passara o comando a um alferes, pois lhe sobreveio uma queda de cavalo. Era sinal de que o mundo, por esse gesto, estava do lado dos filhos da Terra, pois o mesmo acontecimento havia sido sonhado para ocorrer.

O alferes, de nome Miguel de Arruda e Sá, saiu com 98 soldados cheios de autoridade e poder de fogo, mas era tal a imensidão de mistérios que o cerrado de Goiás guardava que nada conseguiram. Quando as trilhas pareciam levar à aldeia, deparavam-se com o sem-fim. Não sabiam que aquelas terras estavam também protegidas pelo sonho.

Quando o avô de Apoena narrou o sonho, participaram dele muitos espíritos dirigentes da natureza, inclusive Wahutedew'á. E a mensagem dizia que um novo ciclo se iniciava no mundo espiritual e que na terra haveria que se lutar ao lado dos ventos, enquanto os ritos cuidavam das sementes do renascimento das tribos.

Na época do alferes, os Kayapó não tinham ainda sonhado esse sonho, pois muitos estavam catequizados. Assim, acabaram aliciados pelo alferes e aceitaram encaminhá-lo com suas tropas até a aldeia xavante. Os soldados não haviam encontrado a aldeia antes porque os pajés haviam feito magia junto com os espíritos da natureza para que os brancos se perdessem – só que a magia não funcionava com os parentes Kayapó. Desse modo, os soldados do alferes e os Kayapó atacaram os Xavante, que resistiram, porém se mudaram para outro lugar.

Os Kayapó eram aliados do alferes dos Dragões porque, em 1734, Antônio Pires do Campo e seus homens massacraram a aldeia dos Kayapó que impedia o acesso às minas de ouro daquela região; nessa ocasião foram aliados dos Dragões os guerreiros Bororo, tornando-se inimigos desde então.

Os Bororo ajudaram os Dragões porque suas aldeias já haviam sido devastadas por mineradores e eles já sabiam que os Pareci tinham sido assolados algumas luas antes, assim como muitos outros povos, destruídos até o nome, já não existiam em torno de Cuiabá, a grande montanha sagrada. A própria montanha, com o tempo, passou a morar feito lenda na memória dos Bororo.

O século XVIII decorreu assim. A Mãe Terra foi saqueada por causa da pedra dourada que brotava de seu ventre. Assim nasceram Minas Gerais, Goiás, Mato Grosso, na passagem para o tempo seguinte. No coração do Brasil, o avô de Apoena tinha sonhado, e nenhum sonho para um índio fica em vão.

Os séculos seguintes do Brasil foram de batalhas com o objetivo de escravização, que se expandia ano a ano. São Paulo foi a região que mais escravizou indígenas. De lá saíam as famosas "bandeiras" de apresamento, pelo mar, em direção ao Sul e ao Norte do país, pela terra, seguindo trilhas milenares indígenas, como o caminho de Peabiru, que ligava Cananeia a Assunção (Paraguai), onde apresavam centenas de Tupy-Guarani. Isso também aconteceu durante o primeiro período da febre do ouro, pelo interior do país.

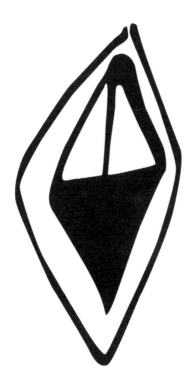

Os avanços do sonho

Para o povo indígena, os ancestrais que regem a natureza acompanham toda a evolução humana, como semeadores que espalham sementes pela terra e observam, nutrem e cuidam até frutificarem. O índio surgiu desses ancestrais sagrados: Sol, Lua, arco-íris, terra, água, fogo e ar. Dos reinos vegetal, animal, mineral. O ser índio foi se amalgamando com esses seres sagrados. E dessa diversidade emergiram tribos, povos, línguas. Essas tribos, de tão antigas, guardam a história de suas civilizações como um sonho-memória, de um tempo tão remoto que parece até mesmo anteceder a memória do próprio tempo.

Esse sonho-memória foi avivando a tradição dos povos de Goiás, Mato Grosso, Minas Gerais. A essa memória cultural, por ser muito diferente de sua ideia de história, os estudiosos chamaram "mitos". E registraram muitos mitos indígenas, que expressam não a invenção de um povo, mas uma voz distante no tempo, a qual tenta traduzir aproximadamente fatos, ocorrências, transformações, mutações do homem, da natureza. Tal memória tem sido muito abalada nos últimos quinhentos anos não tanto pela influência que pode ter recebido de fora, mas principalmente pelo fato de ter sido negada e pelo fato de os antigos terem passado um longo período de guerras, mortes, fugas, escravização.

Quando o Império morreu, os pajés continuaram sonhando, e nasceram na República algumas ideias menos violentas a respeito dos povos indígenas. Um mestiço terena, que se tornou soldado republicano, embora vivesse o veneno da civilização, conseguiu impor perante as relações com os povos da floresta um ideal de pacificação: "Morrer se preciso for, matar nunca", era o que dizia. Ele ficou conhecido como general Rondon.

Por essa época, mais uma vez os Tupy-Guarani retomaram sua busca da terra sem males, desta vez com o desejo de que ela também florescesse no mundo material, assim como no mundo espiritual. Muitas danças se passaram desde então.

A tarefa de pacificar o branco, porém, não era tão simples, pois, conforme as civilizações imperiais e republicanas do mundo progrediam em termos de ciência e tecnologia, avançava também sua capacidade de violentar o mundo. Desta maneira, encontrou-se em risco a mãe que abundantemente ofertara sua vida para o crescimento, a alimentação, a prosperidade e a evolução de todas as vidas em todos os reinos: vegetal, animal, mineral e humano.

No Brasil, houve na metade do século XX mais um tempo de rasgar o coração da terra em busca do ouro, do seringal, da fundação de cidades, da catequização. Povos da Amazônia sonhavam com a dor da terra, os Xavante sonhavam com a respiração do branco ansiosa de conquistas, explorações.

A dança doutrinou a pacificação pelo sonho. E, assim, foram colocados à frente de empreitadas de conquista seres de coração mais flexível, como os irmãos Villas-Bôas, que, embora seguissem a missão de alastrar caminhos para sugar as veias sagradas da Mãe Terra, não promoveram chacinas nem genocídios. Esses avanços que em tempos antigos custariam a vida de milhares de índios foram feitos sem violência. E o processo continuava, embora os cantos e as rezas conseguissem manter a tradição preservada no Parque Nacional do Xingu, na Amazônia e em alguns lugares sagrados de Mato Grosso.

Com o passar do tempo, um pajé Yanomami, da Amazônia, sonhou que a Terra tinha buracos no céu, produzidos pela fumaça da civilização, e que por causa desses buracos o céu poderia desabar. A civilização não quis ouvir o pajé, mas tempos depois a própria ciência civilizada chamou esses buracos de "rompimento da camada de ozônio da Terra" e, até hoje, nós nos preocupamos em adquirir meios de recompor tal camada, que provoca desarmonia e caos no mundo.

A mentalidade usurpadora desta terra já fez mais de quinhentos anos, e os povos indígenas continuam o sonho sagrado e dançam e cantam para dissolver esse espírito mau.

Guerreiros de várias tribos saíram das aldeias para estudar esse tipo de pensamento que escurece o coração dos povos da floresta de pedra, aço e cimento. Na década de 1980 fundaram associações, entidades, uniões, confederações e organizações para agir no seio da confusão que é a cidade urbana, correndo o risco de se perderem durante a batalha, mas com o objetivo de sensibilizar o humano, que se esqueceu do chão de seu nascimento e ficou sem raiz, alma, coração.

"Somos parte da terra e ela é parte de nós"

No século XX, os olhos e a mente da humanidade começaram a reconhecer os povos nativos como culturas diferentes das civilizações "oficiais" e vislumbraram contribuições sociais e ambientais deixadas pelos guerreiros que sonharam.

Contudo, a maior contribuição que os povos da floresta podem deixar ao homem branco é a prática de ser uno com a natureza interna de si. As tradições do Sol, da Lua e da Grande Mãe ensinam que tudo se desdobra de uma fonte única, formando uma trama sagrada de relações e inter-relações, de modo que tudo se conecta a tudo. O pulsar de uma estrela na noite é o mesmo do coração. Homens, árvores, serras, rios e mares são um corpo, com ações interdependentes. Esse conceito só pode ser compreendido por meio do coração, ou seja, da natureza interna de cada um. Quando o humano das cidades petrificadas largar as armas do intelecto, essa contribuição será compreendida. Nesse momento, entraremos no ciclo da unicidade, e a terra sem males se manifestará no reino humano.

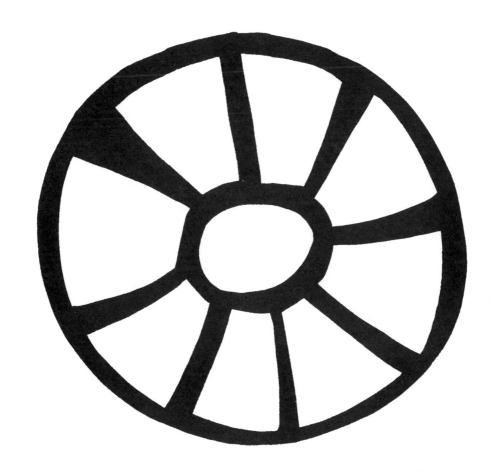

O começo do mundo

Alguns mitos indígenas dizem que o território situado entre o que é hoje o Planalto Central e a região amazônica guarda a memória do começo do mundo. Os povos que viviam perto do rio Tapajós deixaram uma arte complexa e bela, admirada até hoje no mundo inteiro. Uma das culturas que se desenvolveram naquela região é a tradição marajoara, devido à já citada cerâmica. Com base em relatos colhidos a partir do início do século XVI, inicialmente por aventureiros em busca do Eldorado, como Francisco de Orellana, e depois por jesuítas, dos mitos nativos e da ciência antropológica, desenvolveu-se ali uma civilização que primava pela arte e que cultuava a Grande Mãe, ou, como prefere a arqueologia, idolatrava figuras femininas. Havia uma cidade poderosa, conhecida como Paititi, com casas piramidais, feitas de ouro, em algum momento entre 3 mil e mil anos atrás. Uma das cerimônias difundidas nessa cidade era a pintura, feita com pó de ouro, de um cacique, simbolizando o parentesco com o Sol e ao mesmo tempo invocando a presença do resplendor e da sabedoria solar. Essa cidade, milênios depois, tornou-se alvo dos aventureiros, pois ficou conhecida como Eldorado.

Floresceu ali um povo que plantava milho, ingrediente considerado sagrado, semente do próprio sol; que cultivava a mandioca e praticava uma agricultura "coivara", que consistia em queimar um pequeno trecho de mata para ali realizar plantações. Quando a terra se esgotava, eles se mudavam para outra região, enquanto o lugar se recuperava. Esse povo ficou conhecido como "dos antigos Tupy". Era formado por guerreiros, bons caçadores, pescadores e grandes navegadores, que dominavam magistralmente o navegar pelos rios. Outros povos lhes chamavam "maracatins", ou "navegadores". Foi pelos cursos d'água que eles adentraram o planalto brasileiro.

Povos do Amazonas deixaram fragmentos do "começo do mundo em suas histórias", e hoje tais passagens são consideradas lendas e mitos.

Para percebermos como o pensamento indígena se espalhou e como expressa sua memória cultural e seu jeito de contar sua história, vale observar alguns mitos de diferentes povos brasileiros. Aqui, foram escolhidos quatro mitos completamente distintos em termos de língua e cultura: do povo Dessâna, que habita a região amazônica na área voltada ao Peru; do povo Tupy-Guarani, que se expandiu milenarmente a partir do centro amazônico, influenciando muitos outros povos, e dominou todo o litoral brasileiro; do povo Xavante, que habita a região do centro geográfico brasileiro, entre Mato Grosso e Goiás; e do povo Yanomami, que habita o extremo norte da Amazônia, em direção à Venezuela.

Origem do mundo e da humanidade
Segundo o povo Dessâna, que vive entre os rios Tiquiê e Papauri, no Amazonas

No princípio, o mundo não existia. As trevas cobriam tudo. Enquanto não havia nada, apareceu a mulher por si mesma. Isso aconteceu no meio das trevas. Ela apareceu sustentando-se sobre seu banco de quartzo branco. Quando apareci, ela cobriu-se com enfeites e fez como um quarto. Esse quarto chama-se **Uhtaboho taribu**, o quarto de quartzo branco. Ela se chamava Yebá Burô, avó do mundo ou avó da Terra.

(…)

Havia coisas misteriosas para ela criar por si mesma. Seis coisas misteriosas: um banco de quartzo branco, uma forquilha para segurar o cigarro, uma cuia de ipadu, o suporte dessa cuia de ipadu, uma cuia de farinha de tapioca e o suporte dessa cuia. Sobre essas coisas misteriosas foi que ela se transformou por si mesma. Por isso ela se chama a "Não Criada".

Foi ela que pensou sobre o futuro do mundo, sobre os futuros seres. Depois de ter aparecido, começou a pensar em como deveria ser o mundo. Em seu quarto de quartzo branco comeu ipadu, fumou o cigarro e se pôs a pensar em como deveria ser o mundo.

Enquanto pensava no quarto de quartzo branco algo começou a se levantar, como se fosse um balão, e sobre o quarto apareceu uma espécie de torre. Isso aconteceu com seu pensamento. O balão, enquanto se levantava, envolveu a escuridão, de maneira que esta ficou dentro daquele. O balão era o mundo. Ainda não havia luz. Só no quarto dela, no quarto de quartzo branco, havia luz. Tendo feito isso, ela chamou o balão de **umukowii**, "maloca do Universo". Ela o chamou como se fosse uma grande maloca. E este é o nome mais mencionado nas cerimônias até hoje.

Depois ela pensou em colocar pessoas nessa grande maloca do Universo. Voltou a mascar ipadu e a fumar. Todas essas coisas eram especiais, não eram feitas como as de hoje. Ela, então, tirou ipadu da boca e fez transformar em homens, os "avôs do mundo". Eles eram trovões, chamados em conjunto **uhtabohowerimahsã**, que quer dizer "homens de quartzo branco" – porque são eternos, não são como nós. Isso ela fez no quarto de quartzo branco, onde ela apareceu. Em seguida, saudou os homens por ela criados, chamando-os **umukosurã**, isto é, "irmãos do mundo". Saudou-os como se fossem seus irmãos. Eles responderam chamando-a **Umukosurãnehko**, isto é, "tataravô do mundo". Quer dizer que ela era ancestral de todo ser existente.

Feito isso, ela deu a cada um deles um quarto na grande maloca. Os trovões eram cinco. Nós os chamamos "avós do mundo". O primeiro, como primogênito, recebeu o quarto do chefe. O segundo, o quarto da direita, acima do primeiro. O terceiro, o quarto no alto do "jirau do jabuti", onde se costumava guardar o casco de jabuti tocado nos dias especiais de dança. Assim também era na maloca do Universo. O quarto trovão recebeu o quarto da esquerda, acima do primeiro e em frente ao segundo. Por fim, o quinto ficou com o quarto bem na entrada, perto da porta, onde dormem os hóspedes.

Como disse antes, o mundo terminava em forma de torre. Na ponta da torre, havia um sexto quarto, onde se encontrava um morcego enorme, parecido com um grande gavião. O lugar onde ele estava chama-se **umusidoro** (funil do alto), quer dizer, o "fim (os confins) do mundo".

Cada um recebeu, assim, seu quarto na grande maloca do Universo. Esses mesmos quartos tornaram-se malocas, que se chamam **umukowi'iri**, "malocas do Universo". Cada trovão ficou morando em sua própria maloca. Ainda não havia luz no mundo. Só nessas malocas havia luz, do mesmo modo que na maloca de Yebá Burô. No resto do mundo, tudo ainda era escuridão.

Um mito tupy-guarani

O Criador, cujo coração é o Sol, tataravô desse Sol que vemos, soprou seu cachimbo sagrado, e da fumaça desse cachimbo se fez a Mãe Terra. Chamou sete anciães e disse: "Gostaria que criassem ali uma humanidade". Os anciães navegaram em uma canoa que era como uma cobra de fogo pelo céu; e a cobra-canoa levou-os à Terra. Logo eles ali depositaram os desenhos-sementes de tudo o que viria a existir. Então criaram o primeiro ser humano e disseram: "Você é o guardião da roça". Estava criado o homem. O primeiro homem desceu do céu pelo arco-íris em que os anciães se transformaram. Seu nome era Nanderuvuçu, nosso pai antepassado, o que viria a ser Sol. E logo os anciães fizeram surgir das águas do grande rio Nanderykei-cy nossa mãe antepassada. Depois que eles geraram a humanidade, um se transformou no Sol, e a outra, na Lua. São nossos tataravós.

A origem do mundo segundo os Xavante

"Dois homens foram postos na Terra por meio do arco-íris. Eram Butsewawë e Tsa'amri. Os nomes foram dados pela Voz do Alto. Eles tiveram compaixão um do outro porque não havia companheiras. Após sentir tal compaixão, a Voz do Alto disse: "Tire quatro pauzinhos e coloque dois de cada lado. Risque um de vermelho e um de preto". Terminado o trabalho, Butsewawë chamou Tsa'amri e disse: "Escolha um". E Tsa'amri escolheu o pauzinho de risco vermelho. O pauzinho de risco preto ficou para Butsewawë. Logo depois, do pauzinho vermelho, surgiu uma mulher para Tsa'amri. E do pauzinho preto surgiu uma mulher para Butsewawë. Daí aconteceu o primeiro casamento. E os dois entenderam o significado do pauzinho da seguinte maneira: a cor do pauzinho que se tinha transformado em mulher era, conforme a escolha deles, a marca do clã e estabelecia, assim, a organização da descendência. Depois disso, cada um deu nome à própria mulher.

Butsewawë chamou sua esposa de Tsinhotse'e-wawë e Tsa'amri chamou a dele de Wa'utomowawë. Após darem nome às esposas, os dois perfuraram as orelhas com um osso de onça-parda para dar força ao espírito sobre o chão.

Todos os dias, os dois cantavam, virados para o sol nascente, segurando na mão direita a flecha sagrada. Essas flechas tinham sido postas pela Voz do Alto no corpo do arco-íris. A oração era dirigida aos danhimite, os espíritos bons que dão vida às crianças, e repetida três vezes por dia: "**He, he, he, we wate damé dato pibui ho lhe, tô tané**" – canto de gratidão pelas almas dos futuros Xavante.

E assim tiveram os primeiros filhos. Em seguida, duas filhas. Passados os anos, Butsewawë casou seu filho Pini'ru com a filha de Tsa'amri. E assim foi indo.

A criação do mundo segundo os Yanomami

Ornam – Pai Grande
Teperesi – pai, filha – que ainda não
A mulher grande, bonita, que ainda não
Na cachoeira moravam.
A roça. A roça imensa.
A tainha, a mandioca, a banana-pacová, a tainha.
O Pai Grande enormes plantas criou,
Ofereceu roça,
Tanga,
Tanga bonita,
O pai vem chegando, mudas de bananeiras-pacová,
Trazendo
Anzol pescou Omam pelos pés na casa.

Mulheres não havia antigamente, não
Yanomami, não
Omam somente mora
Omam dele semente
Primeiro fez-se Ioinani
Fundo estava água dentro fundo
Omam de si mulher-filha
Sexo muito fechado
Sexo buraco guarda mistério

Água espírito
Ioinani, Omam floriu
Urina o buraco pequeno muito
Como ânus beija-flor. Omam floriu
Rio mulher se fez
Do mistério água
Rio toma banho, grande rio, cachoeira
Omam azul
Grávida, grávida enorme, serra
Árvore, mato, arara

Essas histórias revelam o jeito de o povo indígena contar sua origem, a origem do mundo, do cosmos, e mostra como funciona o pensamento nativo. Os antropólogos chamam de mitos, e algumas dessas histórias são consideradas lendas. No entanto, para o povo indígena é um jeito de narrar outras realidades ou contrapartes do mundo em que vivemos. De maneira geral, pode-se dizer que o índio classifica a realidade como uma pedra de cristal lapidado, com muitas faces. Nós vivemos em sua totalidade, porém só apreendemos parte dela pelos olhos externos. Para serem descritas, é necessário ativar o encanto para imaginarmos como são as faces que não se expressam por palavras.

Pequena síntese cronológica da história indígena brasileira

Wahutedew'á, o espírito do tempo

O tempo, para os povos indígenas, é uma divindade sagrada encarregada de manter a lei dos ciclos: as estações da terra e as estações do céu. As estações da terra podem ser medidas pelo Sol, e as estações do céu, pela Lua. O tempo faz a ligação do ritmo – que é coordenado pelo coração – com a ação e a inação. O Pai Tempo tem muitos nomes entre os povos. O povo Xavante chama o espírito do tempo de Wahutedew'á.

Quando chegaram as grandes canoas dos ventos (as caravelas portuguesas), tentaram banir o espírito do tempo, algemando-o no pulso do homem da civilização. Dessa época em diante, o tempo passou a ser contado de modo diferente. Esse modo de contar o tempo gerou a história, e mesmo a história passou a ser narrada sempre do modo como aconteceu para alguns, não do modo como aconteceu para todos.

Aqui, a partir desse método inventado pela civilização, foram resumidos os principais fatos desse tempo – inventado, mas de ações humanas reais e, infelizmente, na maior parte das vezes, cruéis.

1500 Cabral encontra os Tupinikim, da grande família tupinambá (tronco tupi-guarani), que ocupava quase toda a costa, do Pará ao Rio Grande do Sul.

1501 Instalação das primeiras feitorias portuguesas no Brasil (Cabo Frio, Bahia, Pernambuco) para o tráfico do pau-de-tinta, ou pau-brasil, e escravos.

1511 Em Cabo Frio, a nau **Bretoa** embarca 35 escravos índios para a metrópole. Incursões de corsários franceses interessados em pau-brasil.

1531 Expedição de Martim Afonso de Souza e Pero Lopes de Souza de reconhecimento e posse da terra.

Endurecimento dos termos de intercâmbio (escambo) de produtos nativos por manufaturas europeias.

Contingenciamento da mão de obra indígena para todo tipo de trabalho, ainda por meio de escambo.

Embarque de mais escravos para Portugal.

1534 Implantação do regime de capitanias hereditárias. Aumenta a imigração de colonos, atentando contra a mulher indígena, a posse da terra e a liberdade dos índios.

1537 Breve papal de Paulo III proclama os índios "verdadeiros homens e livres", isto é, criaturas de Deus, iguais a todos os outros.

1540 Reações dos Tupy à conquista: 12 mil índios emigram pela Bahia ou por Pernambuco; somente trezentos chegam a Chachapoya, no Peru.

Sessenta mil Tupinambá fogem da opressão portuguesa, exaurindo-se pelo caminho, até atingir a foz do Madeira (1530-1612).

1547 Os Carijó, grupo guarani da capitania de São Vicente, são assaltados por predadores de escravos e vendidos em várias capitanias.

Para escapar da escravização, tribos guerreiam entre si, arrebanhando escravos para a indústria canavieira.

1549 Chega a primeira missão jesuíta, chefiada por Manuel da Nóbrega, com oito missionários, entre os quais José de Anchieta. Dissolve-se o regime de capitanias.

É estabelecido o governo-geral.

Tomé de Souza, primeiro governador-geral, reimplanta o escambo para obter alimentos e trabalho dos índios, mas não impede a escravização.

1553 O segundo governador-geral, Duarte da Costa, permite que os colonos escravizem e tomem as terras dos grupos tribais mais próximos dos estabelecimentos coloniais.

Violentos confrontos entre índios e brancos na Bahia (1555).

1557 Chegada de Mem de Sá, terceiro governador-geral. Os índios da Bahia recusam-se a plantar, sobrevindo a fome em toda a província.

Os jesuítas agrupam 34 mil índios Tupinambá em onze paróquias (1557-1562).

1560 Expulsão dos franceses do Rio de Janeiro com a ajuda de índios Tupinambá.

1562 Para conseguir escravos "legítimos", Mem de Sá promove "guerra justa" aos Caeté, sob a alegação de serem pagãos e terem trucidado o primeiro bispo do Brasil, em 1556.

1563 Consequência da guerra aos Caeté; fome e epidemias de varíola dizimam 70 mil índios na Bahia.

1568 Provável início do tráfego regular de escravos negros ao Brasil.

1584 Epidemia de varíola se alastra pelas aldeias indígenas na Bahia. Os sobreviventes se oferecem como escravos por um prato de farinha.

1591   O abuso da exploração de trabalho indígena e os castigos infligidos às missões levaram a Companhia de Jesus a recomendar moderação aos sacerdotes, proibindo-os também de receber "esmolas" dos índios.

1610   Instalação das primeiras reduções jesuítas na bacia do Prata, hábitat de inúmeros grupos guaranis e núcleo do que viria a ser a "República Cristã dos Guarani".

1611   A legislação portuguesa reconhece a liberdade dos índios, exceto dos "aprisionados em guerra justa" e dos "resgatados quando cativos de outros índios".

1612   Os franceses desembarcam no Maranhão. Aliam-se aos Tupinambá e constroem o forte de São Luís. Padres capuchinhos Abbeville e D'Evreux encarregam-se da catequese.

1615   Ajudados pelos Tremembé, grupo tapuia, os portugueses expulsam La Ravardière do Maranhão. Os 12 mil Tupinambá, aliados dos franceses, são sanguinariamente reprimidos.

1621   Uma epidemia de varíola aniquila os remanescentes Tupinambá da costa do Maranhão e do Grão-Pará.

1622   Os jesuítas fundam colégios em São Luís e Belém. A metrópole confia aos inacianos a missão dos "descimentos": buscar os índios nos altos rios e reparti-los entre serviço público e particular.

1628   Os bandeirantes atacam as reduções jesuítas de Guairá (Paraná). Quinze mil Guarani escravos, postos a ferro, são levados a São Paulo.

1631   A devastação dos bandeirantes obriga os padres a transferir 100 mil Guarani das reduções de Guairá para além das cataratas de Iguaçu. Apenas 10 mil chegam.

1639 Quatro mil Guarani derrotam os bandeirantes com flechas, lanças e fuzis, importados e fabricados pelos jesuítas por licença da Coroa espanhola.

1640 Levante de colonos em São Paulo contra a bula de Urbano VIII. Os jesuítas são expulsos e reintegrados em 1643 por ordem régia. A bula reafirma a excomunhão dos que incorrem no cativeiro de índios.

1641 Os bandeirantes são mais uma vez derrotados pelos Guarani na batalha de Mbororé (margem direita do rio Uruguai).

1651 Depois de haver escravizado ou aniquilado cerca de 300 mil Guarani, os bandeirantes paulistas cessam suas incursões de "caça ao índio" nas reduções jesuítas do Sul.

A expansão pastoril do Nordeste atinge um subgrupo aimoré, Gueren, em Ilhéus, Bahia. Primeira etapa da chamada "Guerra dos Bárbaros".

1652 Chegada do padre Antônio Vieira ao Maranhão. Por ordem da Coroa, a questão indígena no Norte é entregue aos jesuítas.

1653 A provisão de 17 de outubro de 1653 reintroduz na legislação a faculdade de escravizar os índios por motivo de "guerra justa" e de "resgate". Reiniciam-se as entradas para captura de índios.

1671 Bandeirantes exterminam os Paiaia, grupo tapuia do sertão da Bahia, para destinar suas terras ao gado. Outra etapa da "Guerra dos Bárbaros", que dizimou inúmeras tribos.

1674 Bandeirantes paulistas iniciam o "ciclo do ouro" com a expedição de Fernão Dias Paes Leme a Minas Gerais.

1679 Bento Maciel Parente, filho do exterminador dos Tupinambá do Maranhão, dizima os Tremembé, grupo cariri do litoral do Ceará.

1680 Novo regimento das missões do Maranhão. A metrópole retira dos colonos a administração das aldeias e as expedições de resgate, que são entregues outra vez aos jesuítas.

1684 Nova lei atende aos moradores do Maranhão para o governo dos índios.

1685 Vitória dos jesuítas sobre os colonos no Maranhão. No entanto, eles são obrigados a dividir o poder sobre os índios com outras ordens religiosas.

1692 Os Janduí, subgrupo dos Tarairiu, que fora aliado dos holandeses, firmam um "tratado de paz" com a Coroa, o primeiro da história do Brasil. São considerados "livres".

1701 Os bandeirantes descobrem jazidas de ouro no rio das Velhas (Minas Gerais). As populações indígenas são exterminadas sem que a história registre seus nomes.

1712 Última grande revolta dos Tapuia do Nordeste destrói estabelecimentos granadeiros do Piauí, do Ceará e do Maranhão.

1718 A legislação colonial, sob argumentos falsos, reintroduz e justifica a escravização dos índios.

O bandeirante Antônio Pires de Campos encontra ouro em Cuiabá e Guaporé. Entra em contato com os Pareci, cujas aldeias são devastadas pelos mineradores.

1726 Bartolomeu Bueno da Silva, o Anhanguera, forma uma bandeira com Carijó (Guarani) e descobre ouro em Goiás. Os índios fogem para o Tocantins. São provavelmente os ancestrais dos Avá-Canoeiro.

1727 Guerra de extermínio aos Timbira do Maranhão, que resistem ao cativeiro e à expansão do gado sobre suas terras.

1728 Belchior Mendes de Moraes extermina 20 mil Manao na foz do rio Negro. Na resistência, Ajuricaba se destaca.

1734 Antônio Pires de Campos entra em contato com os Bororo de Mato Grosso. Com sua ajuda, ataca os Kayapó de Goiás, que impediam o acesso às minas desse estado.

É decretada "guerra justa" contra os Mbayá-Guaicuru e seus aliados, os canoeiros Paiaguá, que impediam as passagens das monções paulistas no rio Paraguai rumo ao ouro de Cuiabá. Os Paiaguá são massacrados.

1742 É declarada "guerra justa" aos Kayapó de Goiás.

1744 Bula papal de Benedito XIV proíbe, sob pena de excomunhão, o cativeiro secular ou eclesiástico dos índios.

1750 Os Guarani são atacados por um exército luso-espanhol para desocuparem Sete Povos das Missões. Pelo Tratado de Madri, esse território passa para a Coroa espanhola.

1755 Lei de 6 de junho de 1755 extingue o cativeiro dos índios. Nominalmente, eles estavam alforriados.

1757 O Marquês de Pombal cria o regime de diretório em substituição à ação missionária para governo dos índios.

1759 Por ordem de Pombal, a Companhia de Jesus é expulsa do Brasil. Todos os seus bens revertem ao Estado.

1808 Três cartas régias de dom João VI reeditam a escravização dos índios por "guerra justa". Os Botocudo de Minas Gerais são dizimados.

1823 José Bonifácio, o patriarca da Independência, apresenta a memória "Apontamentos para a civilização dos índios bravos do Brasil". A Constituição de 1824 não incorpora esses princípios. Alguns deles são depois retomados por Rondon.

1824 Os Xavante, divisão dos Akwen, pressionados pela expansão pastoril, chegam ao Tocantins. Depois (em 1859) emigram ao Araguaia e, por último, ao rio das Mortes, Mato Grosso.

Os Xerente (outra divisão dos Akwen) permanecem no Tocantins. Recebem uma reserva para seu usufruto do imperador dom Pedro II. Um capuchinho leva sertanejos para suas terras. A população dos Xerente se mantém 4 mil, em 1824; 1.360, em 1900; 800 em 1929; e 350 em 1957.

1831 Revogação das leis de 1808 e 1809 que permitiam "guerra justa'" contra os índios.

1835 Eclode a Cabanagem na Amazônia, principal insurreição nativista do Brasil. Os Munduruku e os Mawé, do Tapajós e do Madeira, os Mura, do Madeira, bem como grupos do rio Negro, aderem aos cabanos.

1839 Rendição dos cabanos. Epidemias e a atroz perseguição às tribos que com eles combatiam devastam enormes áreas da Amazônia.

1840 Início da fase extrativista de gomas elásticas na Amazônia, principalmente da borracha (1879-1910), que dará cabo de inúmeras etnias tribais.

1843 O governo imperial autoriza a vinda de padres capuchinhos para catequizar os índios.

1845 Surgem um diretor-geral de índios em cada província e um diretor de aldeia para regular as relações entre índios e brancos. Prevalecem, como era de esperar, os interesses destes últimos.

1850 A Lei n. 601 de 18 de setembro de 1850 regula a posse da terra pela aquisição, não pela ocupação efetiva. Os territórios tribais são incluídos na categoria "terras particulares", sujeitas à legalização em cartório.

1897 Os Kayapó de Pau d'Arco, região de campos do Araguaia, são reunidos por um missionário dominicano como moradores locais. Dos 1.500 índios então existentes não resta nenhum.

1904 Cândido Mariano da Silva Rondon inicia a construção de linhas telegráficas de Cuiabá ao Amazonas. Entra em contato amistoso e pacífico com inúmeras tribos de Mato Grosso e Guaporé.

1910 Rondon e um grupo de militares positivistas, professores universitários e sertanistas fundam o Serviço de Proteção ao Índio (Decreto n. 8.072, de 20 de junho de 1910).

1912 A comissão Rondon pacifica os Nambikwara, tribo muito aguerrida, calculada então em cerca de 20 mil integrantes.

O etnólogo Curt Nimuendaju recolhe os sobreviventes Apopokuva-Guarani, que em fins do século XIX iniciaram uma migração de Mato Grosso ao Atlântico em busca da terra sem males.

1914 Pacificação dos Kaingang paulistas, atingidos pela expansão das lavouras de café no noroeste de São Paulo.
Pacificação dos Xocleng de Santa Catarina, cujas terras ricas em araucárias são entregues aos alemães.

1924 Pacificação dos Baenãn remanescentes dos Botocudo do sul da Bahia. As densas florestas que habitavam são derrubadas para dar lugar às plantações de cacau.

1946 Pacificação dos Xavante do rio das Mortes, área de expansão de fazendas de gado.

1950-1960   Pacificação de diversos grupos dos Kayapó do sul do Pará: Gorotire, Xikrin, Kuben-Kran-Ken e outros, cujas terras são invadidas por seringueiros e castanheiros.

1965   Deslocamento das fontes de expansão agropecuária e mineradora para a Amazônia e Centro-Oeste, onde se concentram 60% da população indígena atual.

1967   O artigo 198 da Constituição de 24 de janeiro de 1967 diz: "As terras habitadas pelos silvícolas são inalienáveis nos termos que a lei federal determinar, a eles cabendo sua posse permanente e ficando reconhecido o seu direito ao usufruto exclusivo das riquezas naturais e de todas as utilidades nelas existentes".
Extinto o Serviço de Proteção ao Índio, é instituída a Funai (Lei n. 5.371).

1970   O levantamento aerofotogramétrico do projeto Radam revela grandes jazidas de minérios em áreas ocupadas por grupos tribais na Amazônia. A exploração agropecuária, madeireira e mineira por grandes latifúndios e empresas multinacionais, a implantação de infraestruturas de estradas e hidrelétricas ameaçam a sobrevivência desses grupos.

1973   O Estatuto do Índio (Lei n. 6.001, de 19 de dezembro de 1973) prevê em seu artigo 19 a demarcação das terras indígenas, ainda não efetivada.

1974   Projetado o Parque Indígena Kayapó, no sul do Pará, que até hoje não foi demarcado.

1980   Fundada a União das Nações Indígenas (UNI), ainda não reconhecida pela Funai.

1981   Projeto Polonoroeste (Mato Grosso e Rondônia) e Grande Karajás (Pará e Maranhão) deslocam índios das terras deles e causam grande impacto ambiental.

1982 Resistência dos Pataxó Hã-Hã-Hãe, no sul da Bahia, às tentativas de expulsão de suas terras.

Histórica eleição de Mário Juruna à Câmara Federal em 15 de novembro.

1983 Movimento pró-Diretas-já com Mário Juruna enviando vários projetos ao Senado.

Cresce número de garimpos em terras indígenas.

1984 Crise na Funai com troca de três presidentes durante o ano. Comissão da UNI entrega documento (com introdução de Ailton Krenak) em Brasília reivindicando a criação de um novo órgão indigenista.

1985 Organizações de apoio ao índio e UNI enviam proposta de texto sobre direitos indígenas para a Comissão Afonso Arinos, constituída por decreto do presidente José Sarney para elaborar anteprojetos para a nova Constituição.

1986 Há oito candidatos indígenas à Constituinte em sete unidades da federação: Davi Yanomami (RR); Gilberto P. Lima Macuxi (RR); Álvaro Tukano (AM); Biraci Brasil Iauanauá (AC); Nicolau Tsererowe Xavante (MT); Idjahurí Karajá (GO); Marcos Terena (DF); e Mário Juruna Xavante (RJ). Nenhum dos candidatos se elegeu.

1987 Índios Txukarramãe fazem pajelança na rampa do Congresso Nacional a fim de afastar os maus espíritos e atrair os bons para proteger os constituintes e dão um cocar de presente a Ulysses Guimarães.

1988 No dia 28 de março, 14 índios Tikuna do Alto Solimões (Amazonas) são assassinados, 23 foram feridos e 5 desapareceram numa chacina encomendada por madeireiros.

Bernardo Cabral (relator da Constituinte) altera direitos dos índios já aprovados em primeiro turno – entre eles, houve a exclusão do trecho que estabelece que as terras tradicionalmente ocupadas pelos índios são destinadas à posse permanente deles.

1989 Projeto Calha Norte gera polêmica entre povos indígenas e o governo. Realização do Encontro de Altamira. Entre os temas do encontro está a construção do complexo hidrelétrico do Xingu. Na mesma ocasião ocorreu a Festa do Milho, realizada pelos Kayapó.

1990 Colônias indígenas do alto rio Negro, local do projeto Calha Norte, passam por decreto a ser área indígena; seria esse um meio estatal de se livrar das responsabilidades em matéria de desenvolvimento comunitário ligadas à figura de colônia indígena.

1991 Os Kayapó A'Ukre firmam contrato com uma indústria inglesa para a exportação de óleo de castanha-do-pará. Isso deu maior importância a Paulinho Paiakan como indígena do ecologismo, pois somente extraem o óleo sem derrubar as castanheiras.

1992 ECO-92.

1993 Garimpos invadem área dos Munduruku no oeste do Pará.
Trinta e quatro índios Sateré-Mawe recebem certificado de professor após curso de 45 dias.

1994 Concedida liminar proibindo exploração de madeira na aldeia indígena Xikrin do Cateté, no sul do Pará.
Funai e Ibama apertam o cerco contra madeireiros no sul do Pará.

1995 Mogno retirado de reserva caiapó é apreendido e vai a leilão. A exploração era feita por integrantes do Exército brasileiro. Paiakan, liderança caiapó do Pará, quer implantar nas terras indígenas a Universidade Kayapó Mebegnokre, com a finalidade de resgatar os costumes da tribo.

1996 É realizado na Guatemala encontro com vistas ao resgate do espírito e da ciência nativa. Participam remanescentes dos povos Maia, Ketchua, Aymara, Tupy, Tapuia, Karib e Kahuna. Pela primeira vez em sua história, a Universidade de Oxford, Inglaterra, convida um índio brasileiro, respeitado como membro e representante de uma tradição religiosa, espiritualista e milenar.

1997 Oitenta anciães indígenas da América do Sul se encontram na floresta colombiana para realizar rituais de paz e solidariedade entre os povos.

1998 O Instituto Nova Tribo denuncia em Stanford, Califórnia, a presença constante de missões americanas catequizadoras e aliciadoras de povos indígenas na Amazônia e a biopirataria (utilização da sabedoria indígena por parte de grupos que representam multinacionais instaladas na Amazônia por meio de estratégias aliciadoras).

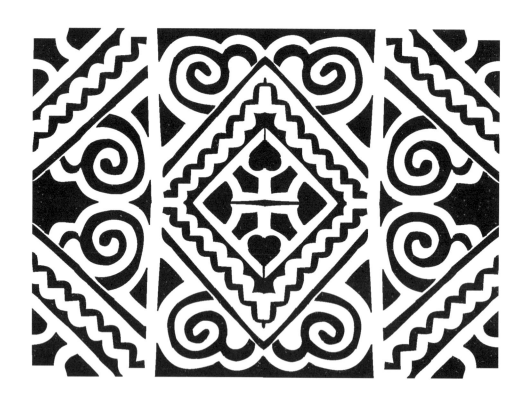

Contribuição dos filhos da terra à humanidade

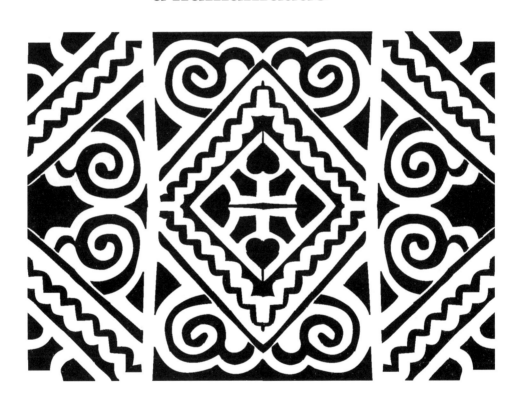

Os povos chamados "Tapuia" no século XVI pelos Tupinambá e "negros da terra" pelos primeiros colonos portugueses de São Paulo são catalogados hoje por antropólogos em 206 "nações" indígenas, somados os que restaram dos guerreiros descendentes dos Tupy. No correr destes últimos quinhentos anos, a civilização ocidental se expandiu e, principalmente no século XX, entrou em contato com esses povos, até então desconhecidos do restante do mundo. Ainda hoje, de vez em quando, tomamos conhecimento de grupos nunca antes vistos – nem pelos próprios Tapuia.

A partir de 1980, historiadores e antropólogos procuraram fazer um levantamento da contribuição nativa para a sociedade brasileira. Embora não reconhecida de forma justa, sua contribuição é enorme. Há a exploração de saberes indígenas, por exemplo, em relação à fitoterapia por parte de laboratórios farmacêuticos estrangeiros com falsos intuitos científicos e grandes propósitos de lucros. E, em relação ao saber espiritual, proliferam pelas metrópoles "xamãs" diplomados. Hoje, depois de milênios, Tapuia são os povos que despertam mais interesse de aprendizado por parte da psicologia, da biologia e da educação ambiental. E as biotecnologias desenvolvidas pelos índios, muitas vezes adquiridas a partir da tradição do sonho dos Tapuia, contribuíram sensivelmente para o equilíbrio da Mãe Terra.

Segundo estudiosos da civilização urbana, as formas nativas de lidar com a flora e a fauna a fim de manter um equilíbrio sustentável levaram os povos da floresta a desenvolver técnicas de manejo de solo, de plantio e processamento de alimentos, bem como práticas e equipamentos para caça e pesca. Eles classificaram e nomearam em sua língua tribal árvores e plantas utilizadas na alimentação, medicamentos, confecção de instrumentos de caça e pesca, construção de moradias, barcos etc.

Cultivo da terra

Fato desconhecido pelo ocidental: a terra já era cultivada pelos indígenas. A exemplo disso, os Kayapó, apesar da diversidade ecológica de savanas e cerrados, há tempos sabiam que o ciclo das chuvas e das secas fornece grande abundância de recursos naturais. Assim, localizavam depressões no terreno de 1 a 2 metros de diâmetro e de 50 a 60 centímetros de profundidade e as preenchiam com palha misturada a cupinzeiros e pedaços de formigueiro, para que cupins e formigas brigassem entre si, deixando, assim, os brotos em paz e decompondo e agregando nutrientes ao solo, onde plantavam espécies úteis, formando ilhas de florestas em pleno cerrado. Essas ilhas são compostas de árvores frutíferas que atraem caça, trepadeiras que produzem água potável, árvores que dão sombra e lenha, formando espécies semidomesticadas e ilhas de recursos. Em outros locais, grupos ameríndios faziam o remanejo intencional do hábitat a fim de estimular o crescimento de comunidades vegetais e sua integração com comunidades animais e com o próprio homem.

Classificação de plantas

Não existe um levantamento exato das espécies vegetais conhecidas e utilizadas pelos indígenas, mesmo porque os índios "batizam" as plantas em sua língua nativa. Assim, muitas espécies ainda não têm equivalente às plantas cientificamente catalogadas.

As numerosas plantas usadas pelos indígenas – silvestres ou cultivadas – são empregadas para diversos fins, como alimentação, tecnologia (construção de casas, de meios de transporte e de utensílios domésticos e de trabalho), ornamentação pessoal e produção de corantes, venenos ou drogas ou uso mágico e jogos.

As principais espécies utilizadas pela humanidade na alimentação e na indústria (farmacêutica, cosmética, alimentícia) foram descobertas e domesticadas pelos índios da América.

Das alimentícias, podemos citar a batata-inglesa (que, na realidade, é originária do Peru), o milho, a mandioca, o tomate, feijões e favas, como o amendoim; e, entre as frutíferas, o mamão, o caju, o cacau, sem contar muitas que ainda hoje são desconhecidas dos povos "civilizados": guacari, ingá, abio, murici, cupuaçu, araticum etc.

Inúmeras outras espécies utilizadas pelos índios foram adotadas pela civilização europeia, como a seringueira, que produz o látex e que os índios há muito tempo já utilizavam para confeccionar bolas e impermeabilizar objetos. A borracha foi descoberta somente em meados do século XIX, quando a Amazônia era o único lugar do mundo com espécimes de seringueira.

Várias palmeiras também eram conhecidas dos índios, que delas retiravam o palmito, o fruto, a castanha para produzir azeites, as fibras para coberturas de casas, cestarias e esteiras, as fibras mais finas para produzir fios e tecidos e a madeira para inúmeras outras finalidades. As mais utilizadas são o babaçu, o buriti, o açaí, a bocaiuva e a pupunha.

Grande parte dos medicamentos produzidos pelos laboratórios tem como base o saber indígena relacionado a plantas nativas, e essa origem é praticamente ignorada pela civilização ocidental. Os povos indígenas não receberam reconhecimento nem respeito por sua contribuição nessa área. Podemos citar algumas espécies:

- Quinina, para curar malária.
- Copaíba, para curar feridas e outras enfermidades.
- Coca, como estimulante.

Outras espécies eram usadas para ornamentação e adereços, como os corantes retirados do urucum (corante vermelho) e do jenipapo (corante preto), entre outros.

Das plantas estimulantes usadas pelos índios, algumas se espalharam pelo mundo, como o guaraná (estimulante notável, com baixo teor de cafeína), o tabaco (usado principalmente para efeitos mágicos, como terapêutica medicinal e como estimulante) e a erva-mate (ao que tudo indica, foi principalmente consumida pelos Guarani, que a usavam ao natural, com fins medicinais).

Não podemos nos esquecer de citar o algodão e a piaçava, usados para inúmeros fins, como a confecção de tecido e vassouras.

Com relação aos recursos da fauna, os índios desenvolveram técnicas adequadas de manejo:
- Viver em pequenos núcleos, minimizando o impacto da exploração humana sobre peixes e demais animais da floresta.
- Cuidar de terras não habitadas a fim de formar reservas faunísticas.
- Controle de natalidade.
- Dispersão de comunidades, não amontoamento.
- Salvaguardar espécies ameaçadas por meio de tabus alimentares.
- Cultivo de roças ribeirinhas e demais pontos da floresta, como clareiras, a fim de atrair e alimentar a população faunística.

Além disso, os povos que viviam nas margens dos rios, principalmente na Amazônia, desenvolveram métodos de fabricação de canoas e utensílios de pesca e tinham nos rios uma grande fonte de alimentos.
- Pirarucu: peixe de grande porte, cerca de 1,70 metro e 80 quilos. De carne saborosa, ao subir à superfície para respirar possibilita ao pescador o uso do arpão para fisgá-lo.
- Tartaruga fluvial: quelônio que numa única desova deposita entre 100 e 150 ovos. Apesar da enorme população, a espécie foi quase extinta, pois, além de alimento, seus ovos forneciam um óleo que, misturado ao alcatrão, era utilizado na vedação de navios e na argamassa empregada na construção de casas.

• Piraíba: maior peixe de couro do Brasil, chega a medir 2,30 metros de comprimento e a pesar 140 quilos. Alimenta-se do pasto existente na várzea do Amazonas.

Da fauna terrestre comestível, destacam-se a paca, a cutia, o tatu, a capivara, o veado e a anta, que, como espécies herbívoras, encontram nas folhagens, tubérculos e frutos das roças os alimentos de que necessitam.

O que faz do índio um bom caçador não são suas habilidades com o arco e flecha, e sim a habilidade de seguir a caça com paciência e conhecer seus hábitos, bem como suas pegadas, suas preferências alimentares e seu hábitat.

Outro hábito alimentar dos indígenas é o consumo de alguns insetos, dos quais eles retiram grande parte da proteína necessária à alimentação.

Algumas receitas tradicionais desses povos, como a pamonha, o cuscuz e a canjica, são adotadas pela civilização ocidental e muito consumidas hoje.

Contribuição para a saúde, a ética e a filosofia

Entre o fim do século XIX e o início do século XX, um médico e historiador paraguaio, profundo estudioso do povo guarani, Moisés Santiago Bertoni, autor de uma grande obra intitulada **A civilização guarani** (1922), incluiu em um dos volumes desse livro o relato das contribuições que a cultura nativa havia deixado para a saúde, a ética e a filosofia, pois tais informações poderiam ser de grande utilidade para a então sociedade emergente, ocidental e mestiça, que, de certa forma, resultou na civilização atual.

Bertoni enumera as seguintes contribuições higiênicas, científicas e cabíveis em qualquer sociedade:

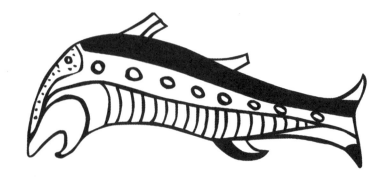

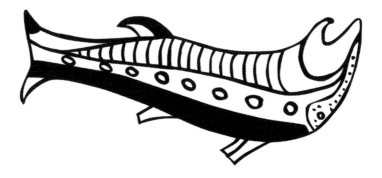

O segredo da boa saúde e da longevidade

Esse saber só foi conhecido na época das guerras e da escravidão, que obrigaram os índios muitas vezes a alterarem seu ritmo tradicional, que consistia em banhos frequentíssimos; exercícios físicos com moderação desde a infância, na forma de ritos interativos com a natureza e pela arte da dança e dos cantos; na utilização do jejum como higiene interna, como medicamento e fortalecimento espiritual. No respeito ao ritmo e ao ciclo do organismo e das funções orgânicas, por meio do descanso apropriado e da atividade correta, reconhecendo o sono como sagrado tanto quanto as atividades. Na alimentação à base de frutas, mel, raízes (mandioca, batata, milho etc.), sementes energéticas (amendoim, guaraná, feijão etc.), peixe dentro do ciclo da estação propícia e outras carnes somente de maneira ritual, muito bem assadas, para eliminar toxinas e a ligação psicoespiritual do sofrimento. O consumo moderado de bebida levemente fermentada em vez de bebida alcoólica.

Saberes farmacêuticos

A prática da filosofia guarani, ensinada nas aldeias, é a arte do domínio sobre si mesmo. O desenvolvimento da capacidade de lidar com suas dores físicas e morais invocando sempre o espírito da sabedoria. O domínio sobre si mesmo começa na infância: as crianças são conscientizadas da diferença entre alimentação e gula. Os ritos de passagem criança-jovem-adulto têm por finalidade atentar para o domínio dos reflexos, dos sentidos, dos desejos e das paixões. Nunca tais ritos tiveram por premissa a repressão, e sim o desafio de viver no espaço da liberdade. Por isso, não se castigam os filhos, sua liberdade individual é estimulada e o ciclo do tempo e das estações internas do ser contam para aos poucos mostrar-se a responsabilidade da liberdade.

Bertoni também atenta para várias contribuições científicas, desde o uso do veneno de cobra para curar o mal da própria cobra, que veio da sabedoria dos pajés e chegou ao Ocidente como soro antiofídico, até procedimentos de medicina terapêutica como hidroterapia, escalda-pés, escarificação e naturoterapia, que muitos médicos adotaram e que consiste na prescrição de banhos de sol ou de lua para curar males psíquicos; o uso da terra, da água, do ar e do fogo para curar determinados estados do ser; e a fitoterapia, que é a sabedoria da medicina das plantas, do ponto de vista botânico, psíquico e espiritual.

A educação da tribo

A tribo dividiu-se para multiplicar as experiências do ser. A tribo surgiu no mundo externo para o ser suportar sua grande noite. Assim pensam os Kaiowá, seres da mata. Na tradição guarani, cada coisa que vemos é uma imagem da imagem da imagem do que verdadeiramente é, e, por isso, eles recorrem aos cantos de origem e às danças do clã, para suportar ser um pálido reflexo do ser. Uma imagem que se esvanece diante da raiz ancestral. Para os Bororo, somos o eco dos ancestrais; por isso, habitamos a caverna do mundo e da visão dos ancestrais temos as estrelas. As estrelas são nossos avós e nossos irmãos mais velhos. Amanhã seremos estrelas e também deixaremos ecos na caverna. A caverna é sagrada, a escola onde o som aprende a fazer brilhar seu pulsar.

Tribo e espírito caminham juntos. Para o índio, são sinônimos. Por sua memória, ele sabe e apalpa o espírito através da tribo: pai, mãe, filho, rio, pedra, girino, cachoeira, floresta, mar, nuvem, chuva, onça, arara, irmão. E dentro da tribo coexiste o criar, o criar que é a consequência do aprender, que por sua vez é o motivo pelo qual sua alma-luz corporificou-se, para apre(e)nder-se e criar. A instituição do criar promovida pelo índio é a arte, a cerimônia e a celebração, que se desdobram em beleza, ordem e alegria. A arte gera a beleza porque trata da exteriorização do fluir do espírito; a cerimônia gera ordem porque trata da exteriorização da comunicação do espírito com a matéria, ou seja, da tradução do céu para a terra; e a celebração gera alegria porque trata da animação da tribo externa pela tribo interna, pois essa tribo é uma qualidade superior de fogo, que anima, que vivifica.

O espírito do espírito

Quando se percorre o caminho do guerreiro, o aprendizado baseia-se na seiva da memória que percorre das raízes, passando pelo tronco, aos galhos e às folhas dessa árvore da vida que busca o sol. Como foi dito, pela memória sabe-se que tribo e espírito acontecem juntos. O espírito acontece dentro de você, e você é uma interconexão de muitos. No caminho do guerreiro, cabe a você discernir seus muitos, os verdadeiros e os falsos. O que foi tecido pelos fios divinos e o que foi tecido pelos fios humanos. Cabe a você des-a-fiar. Quando você principia a discernir, torna-se um **txukarramãe**, ou seja, um guerreiro sem armas.

Por quê?

Os fios tecidos pela mão do humano formam pedaços vivificados por seu espírito, e ele passa a fazer parte da tribo. Por isso numa tribo existiram o canibal, o homem-morcego, o usurpador, o vaidoso, o orgulhoso, o conquistador. Foi tecido pelo poder de criar que a mão manifesta. Foram criados pela palavra. Esse é o poder do **popyguá** que nos foi dado. Essa mão gerou todos os tipos de criação. E quando você descobre que muitas coisas que servem para se defender do mundo externo na verdade foram geradas por sua própria mão, da matéria indelével que é o pensamento, então você encontra a raiz da questão. Busca discernir em seu momento o que você tem feito e como é sua dança no mundo. Assim, desapega-se aos poucos das armas, que são criações feitas para matar criações. De repente, descobriu-se que, quando se para de criar o inimigo, extingue-se a necessidade das armas.

O espírito aqui é noite e dia, como já vimos, e mais tudo aquilo que sua mão teceu, fio por fio. Então, você percebe que o espírito manchou-se de criações impróprias, de si mesmo. Esse é o risco do percurso da alma-luz – e é natural. Isso acontece na grande noite da alma, quando ela esquece de se

enxergar, luz que é, quando não se invoca a sabedoria da coruja, que vê no escuro. Então, de tempos em tempos, o espírito busca purificar-se – isso faz parte do caminho do guerreiro. O espírito é uma qualidade superior de fogo, a divindade que lhe dá forma – o Tupi-Guarani a chama de **Jakaira**, que é a bruma originária, a fumaça sagrada. O espírito fez-se e é esse fogo-bruma soprado pelo Criador. Ele tem matizes, cores, tons, colocados pelos anciães do arco-íris, que nada mais são que uma expressão, um desdobramento do grande espírito Criador, ou o Grande Sol, o Grande Bisavô, ou seja, Este, que tem muitos nomes.

Quando se caminha para a consciência do espírito, caminha-se para a consciência da tribo. Da mesma forma que **Namandu** (o que tem muitos nomes, o grande espírito) desdobra-se em muitos e sustenta sua presença-luz tanto na gota do orvalho quanto na soma das galáxias, o ser humano faz o caminho do dobrar--se para a unificação com Ele. Assim, tudo pulsa e flui. E o espírito humano desdobrou-se, separou-se, para dobrar-se diante Daquele que foi, é e será.

O espírito preenche-se e esvazia-se do grande espírito, que por sua vez preenche-se e esvazia-se. Dessa forma, o espírito tem um ritmo, assim como no corpo físico o pulmão testemunha sua ação tocada pelo coração. Esse ritmo tem quatro tons. No grande espírito, concebemos como os quatro cantos os pontos cardeais. O grande espírito inspira no Leste nos trazendo sua divina luz. Prossegue no Sul, brotando a vida. Retém-se no Oeste, transformando a vida; e expira-se ao Norte, retornando a Si. Assim **Namandu** criou a **Cy-Ibi**, a Mãe Terra.

Pela Mãe Terra a vida conta a história dos ciclos, dos temperamentos, das transformações, das respirações, dos elementos. Essa é a história do espírito humano. Por isso, espírito e tribo andam juntos. E o indivíduo índio está para a tribo, mesmo só, assim como esta está para o espírito, mesmo ensombrecida. Pela memória ancestral, sabemos que a solidão e as sombras fazem parte da tarefa; quando o caminho se encruzilha, é justamente com eles que se intensificará o ponto de maturação do espírito.

A surdez e a audição da religião

Índio, clã, tribo e espírito se integram de tal maneira que não se faz necessária a religião no sentido ocidental da palavra e também no sentido do que fizeram do sentido original da palavra. Conforme se diz, a palavra vem do latim ***religare***, "religar". Religar-se a alguma coisa. Com o Divino, com Deus. Foi essa a ideia trazida para estes trópicos no século XVI.

Vimos que, no decorrer deste século, essas ideias se manifestam nos templos, nas catedrais, nas capelas, nos livros. E vê-se que essa ideia não surge na atitude da civilização. Enquanto isso, o espaço entre a ideia e a atitude tem gerado a miséria humana. A palavra corre pelo governo humano sem espírito, sem cumprimento do que se diz. Pois palavra e espírito estão longe. A voz sai morta, porém maquiada para dar a impressão de vida. A palavra assina tratado de paz enquanto a mão acena guerra. A religião é surda, pois o espírito está mudo.

Então, nesse sentido, não foi possível catequizar o índio. Foi possível somente torná-lo bêbado e miserável, dependente dos favores assistenciais públicos. No entanto, a um povo que tem em sua ancestralidade a memória de si como um som, uma música que reflete um tom da grande sinfonia cósmica, não coube ser catequizado a essa surdez. Coube, sim, ter sido temporariamente soterrado, desterrado de si. Há, porém, a arqueologia, a antroposofia e a teosofia como possibilidades de apoio de levantamento da natividade brasileira.

Dessa linguagem primeira, antiga, que se tornou tão diversa, espalhada pelo tempo, pela América, entre os trópicos, tornada fragmento, fóssil, resto de fogueira, ponta de flecha, pedaço de alma desterrada, estilhaço de cultura pelo chão da urbanidade; dessa origem escombra-se a mais ancestral religiosidade humana.

Uma religiosidade em que o povo-em-pé, o povo-nuvem, o povo-pedra, o povo-água são como nações. De uma memória que sabe que seu coração tem o mesmo pulsar das estrelas e é habitado pelo fogo-alma, chamapalavra, som que caminha sobre dois pés. Sua memória sabe que o grande espírito fala pelo silêncio presente em tudo.

E, nesse momento, que ele pode chamar de sua vida dentro da vida, não há re-ligação a fazer. Há um resgate a realizar. Quando as raízes mergulharem de novo na terra, a árvore terá força para compreender as sombras que o dia gera.

Os sinais do espírito

A arte de ler o movimento dos pássaros, dos ventos, dos rios e do fogo é para o povo indígena a maneira pela qual a Mãe Terra conversa com o ser humano. Essa fala silenciosa faz parte do caminho do coração.

1. Cada desenho que um pássaro faz no céu em seu voo é uma tarefa que ele realiza de comum acordo com a Mãe Terra. Nenhum voo é gratuito; nenhum pouso é vão. Além dos pássaros que vemos, há os pássaros-raios e os pássaros-trovões. Estes são grandes espíritos. O falcão, o gavião-real, a águia e a pomba, sendo aves superiores, todos os invernos, vão à morada dos pássaros-trovões e, quando chega a primavera, dançam pelo céu a força e o poder do trovão, inspirando a Criação.

2. Quando um desses pássaros surge à vista de uma pessoa, ela está sendo solicitada a agir com o poder do coração, morada do espírito em cada ser. Se aparecer em sonho, o próprio espírito está falando: eu sou sua força.

3. O beija-flor visita moradas de espíritos-relâmpagos. Quando é visto, inspira boas ideias e diz que é hora de semeá-las. O beija-flor foi a primeira forma que Namandu, o grande mistério, assumiu para revelar-se.

4. A segunda forma que Namandu assumiu para refletir sobre a criação dos pássaros-trovões foi a da coruja, que, durante o nada da noite, empoleirou-se sobre si e criou a sabedoria.

5. Quando as asas batem, os ventos passam a existir como mensageiros.

Quando sopram do sul: uma aventura inesperada, um rumo não previsto na caminhada.

Quando sopram do oeste: o que tem que morrer morrerá.

Quando sopram do norte: a clareza da jornada com proteção dos ancestrais.

Quando sopram do leste: a fortuna, o início.

6. Todo rio traz mensagem de prosperidade, toda cachoeira traz abundância, renovação permanente, desde que o espírito siga o rio, em seu exemplo, e sua mensagem de fonte irradiante.

7. O pássaro kuchiu é bem-aventurado. Seu canto, no entanto, é um lamento. Sabendo que a Terra seria inundada, lamentou-se em um canto, e, por compaixão, Nosso Pai não deixou o céu desabar.

8. Quando a Terra e as leis da natureza cósmica e terrena foram criadas, os anciães da sabedoria fizeram uma roda e as narraram diante de uma fogueira, de modo que todo o fogo gravou na memória as leis e o calor da sabedoria dos anciães. Por isso, quando uma fogueira se acender e um círculo de pessoas se unir em torno do fogo, as leis serão aquecidas novamente no coração humano.

Gramática indígena

Algumas características fonéticas da língua indígena são totalmente diferentes das da língua portuguesa. Como a cultura indígena é tradicionalmente oral e no passado contou com uma escrita ideogramática, suas expressões foram adaptadas para a gramática ocidental.

No Brasil, foi José de Anchieta quem primeiro organizou a gramática indígena, no século XVI, unificando os falares da floresta a uma língua geral, que foi chamada na época de **nheengatu**, ou "língua boa". A partir do século XVIII agregaram-se as influências karib e aruak da região amazônica.

O nheengatu, ou nhencatu, foi a língua oficial brasileira até o século XIX – o português era falado somente pela Corte nas reuniões parlamentares.

Então, por meio de um decreto, dom João VI determinou a proibição da fala dos chamados brasilienses, mestiços descendentes da saga das três raças que formaram o povo brasileiro, para que Portugal não perdesse a hegemonia política e cultural. Assim, o português foi se impondo até que se tornou a língua oficial do país.

Com o tempo, a convenção gramatical nheengatu constituiu uma referência para antropólogos e etnólogos. A fonologia moderna aprofundou ainda mais a complexidade e a sutileza da linguagem dos povos da floresta com suas nasalidades e suas sibilações, organizando uma espécie de gramática para os povos da floresta, de maneira que pudesse ser reproduzida a particularidade de alguns sons. No entanto, algumas convenções incorporadas aos falares dos indígenas ferem a lógica da gramática portuguesa.

Neste livro, há algumas normas usadas ainda por Anchieta, que se tornaram clássicas e que o autor preferiu adotar. A seguir, algumas observações a respeito dos sons dos filhos desta terra:

1. Nome dos povos no singular, com a primeira letra maiúscula. Por exemplo, os Guarani, os Bororo.

2. Ortografia e fonética.

Da solução gráfica dada pelos missionários do passado às palavras ouvidas nas selvas, concluiu-se que às principais línguas indígenas (principalmente o tupy) falta o som representado por "f", "l", "lh", "rr", "v", "z". As palavras grafadas, portanto, com "v" e "z" já refletem a influência das línguas europeias, e parte do povo brasileiro atual não registra esses sons em seu falar. Por exemplo, *paia*, não palha; *faia*, não falha.

Não existe o som equivalente a "rr". Por exemplo, a palavra "retama" deve ser pronunciada com o som de "r", como em cara, arara.

O "w" no começo da palavra atualmente tem o som de "v". Na língua tupi, seu som é "mb", o que tem provocado também na escrita portuguesa a adequação para o som "b". Por exemplo, Werá, substituído por Iberá ou Verá.

Por isso, preferiu-se, sempre que possível, manter os nomes de acordo com a fonética indígena. Assim, sabedoria = **mbaecuaá**, não **baécuaá** nem **vaécuaá**, que não traduzem o espírito-som da palavra.

Contribuições da língua indígena para o Brasil

A língua indígena, principalmente o tupy, por causa dos Tupinambá, está presente em nosso cotidiano: na fauna, na flora, nos topônimos e em expressões corriqueiras. Estudiosos verificaram, por exemplo, que, de mil nomes de aves, 350 eram designações tupis; que de 550 peixes, metade é identificada com nomes tupis; e que a geografia brasileira é praticamente batizada com nomes nativos.

Além disso, até hoje temos a presença do nheengatu – basta observar a fala brasileira do interior e o português cotidiano das cidades. Por exemplo, "chega de **nhe-nhe-nhem**" (**nhem** = fala, na língua tupi) ou o termo "peteca", que é originalmente uma palavra tupi e significa "bater com as mãos".

Alguns outros vocábulos do tupi: soco, socar, amendoim, paca, maracujá, caatinga, pereba, piranha, pororoca, pipoca, samambaia, igara, igarapé, jaci, jaca, jacu, jacaré, pitanga, caipira, caipora, caiçara, cumbica, cumbuca.

Líderes indígenas do Brasil: das capitanias hereditárias à aldeia global

Tribo, povo, civilização, etnia. Foi predominantemente no coletivo que a história do Brasil tratou a temática indígena. Desde o tempo em que a fundação da pátria brasílica foi colocada no calendário gregoriano, alguns nomes se tornaram ícones históricos, como Cabral, Caminha, Anchieta, Borba Gato, João Ramalho, Inácio de Loyola, Manoel da Nóbrega, Fernão Dias. Dá a impressão de que a construção da nação não teve participação ativa também de referências, heróis e líderes das culturas nativas.

Por um lado, tais nomes passam a representar os valores de pioneirismo, desbravamento, empreendedorismo, aventureirismo, autoritarismo, até que os séculos os enquadram na ideia de busca por ordem e progresso. Por outro lado, tivemos nomes de raízes pré-cabralinas que, pela luta por liberdade, pela defesa de territórios materiais e culturais e pela visão de mundo, deixaram legados que influenciaram novos valores civilizatórios, como igualdade, fraternidade, liberdade, sustentabilidade, integridade.

Como os nomes do Velho Mundo são já reconhecidos como protagonistas, segue aqui uma rápida biografia de líderes significativos para o enraizamento e o florescimento do Brasil, a fim de lembrarmos que a história se constrói também com aqueles cuja voz foi negada nos registros, marcada por sofrimento e derrotas aparentes.

Para diminuir a invisibilidade de nossas raízes ancestrais e também pela relação com o verde das matas e o famoso céu de anil que faz a bandeira brasileira, uma vez que o ouro do amarelo, o verde das matas, e o branco da paz têm sido exauridos e manchados pela ganância e pela ignorância nos diversos ciclos históricos, vamos ver outros nomes que deram a vida à formação do país.

O Brasil de pindorama *versus* o Brasil das capitanias

Cunhambebe – a mulher que voa

Cunhambebe, dos Tupinambá, foi o líder que personificou os valores da busca da igualdade e da paz. Há dois Cunhambebes, e cada um representa um desses valores. Na década de 1550, o primeiro dessa história foi o ancião (**tamãe**, na língua tupi) que articulou com anciães de diversos povos nativos uma reunião de líderes que ficou conhecida como Confederação dos Tamãe. Infelizmente alguns livros de história chamam de Confederação dos Tamoios e acreditam que "tamoio" seja a designação de um povo.

O povo Tamoio nunca existiu. Nas civilizações ancestrais do Brasil, o ancião tinha um peso político e uma respeitabilidade que ultrapassava a fronteira étnica. Cunhambebe foi capaz de dialogar com anciães de sete povos distintos que tinham divergências e até inimizades e criar um consenso pela libertação de guerreiros das mais diferentes origens que eram escravizados pelos monocultores de cana-de-açúcar e pelos predadores de ouro e prata chamados "bandeirantes".

Esse Cunhambebe, cacique das terras de Angra dos Reis e de Mangaratiba, morreu, supostamente de doença virótica, e seu filho, de mesmo nome, assumiu o posto de liderança. Alguns historiadores traduzem o significado de Cunhambebe erroneamente por desconhecerem a língua tupi e acabam distorcendo o sentido. Significa "mulher que voa". O termo **cunhã** significa "mulher", e **abebe** significa "que voa". Era como os adversários o chamavam por seu físico e sua agilidade; tinha os cabelos longos, abaixo dos ombros, era alto e andava tão rápido para chegar aos lugares que diziam que parecia voar.

Cunhambebe, o filho, tentou selar a paz entre portugueses e nativos em um acordo firmado com José de Anchieta, após a condição da libertação dos trabalhadores escravizados dos canaviais de Santos. Porém, tanto o jesuíta quanto o líder tupinambá foram traídos pelos fazendeiros da época e pelos bandeirantes, que faziam da exploração da terra e da prisão de gente um negócio.

A Confederação resistiu por muitos anos até a batalha final, que culminou com a fundação da cidade do Rio de Janeiro, quando milhares de tupinambás e aliados foram mortos em uma das lutas mais sangrentas da história do Brasil, ocorrida no outeiro da Glória.

Aimberê – o filho da liberdade

O filho do cacique Cairuçu personifica o valor da liberdade. Ele foi aprisionado com o pai e levado de Piratininga a São Paulo para servir de escravo nas fazendas do então governador Brás Cubas. O pai morreu por maus tratos no cativeiro. Aimberê conseguiu se libertar, assim como vários cativos. Essa experiência o levou a se juntar aos sete povos liderados pela Confederação dos Tamãe. Aimberê se torna parceiro e depois sucessor de Cunhambebe, e a organização resiste de 1567 a 1574.

Aimberê significa "vigoroso", "forte", "rijo", na língua tupi. Ele se destaca ainda mais porque, em determinado momento da luta, consegue aliança com os franceses de Nicolas Villegagnon, que tinha grande interesse em apoiar os Tupinambá para derrotar os portugueses e abrir caminho para a exploração do pau-brasil. O francês ofereceu armamentos. Além disso, Aimberê conseguiu o apoio dos Tupinikim, outro povo a se somar na luta dos filhos de Pindorama.

Tentou o apoio de Tibiriçá, cacique de São Paulo de Piratininga – se tivesse conseguido, fecharia o cerco definitivo contra os portugueses. No entanto, Tibiriçá havia sido catequizado pelos jesuítas e influenciado pelo genro, João Ramalho, e acabou ficando do lado do inimigo.

Tiaraju – o santo guerreiro

Tiaraju é um nome épico. Alguns historiadores chegam a dizer que graças a ele o Rio Grande do Sul é parte do Brasil. Foi um líder nascido em 1723 e que morreu em batalha no dia 7 de fevereiro de 1756. É considerado herói guarani missioneiro rio-grandense. Chefe dos Sete Povos das Missões Jesuíticas de São Miguel.

Viveu em uma região tradicionalmente ocupada pelos Guarani, que abrangia parte do Sul do Brasil até o norte da Argentina, perto da fronteira com o Paraguai. As lutas que levaram a episódios liderados por ele nasceram da tentativa dos espanhóis de desocuparem os territórios dos Sete Povos das Missões, como queria o Tratado de Madri.

A luta liderada pelo guerreiro contou com o apoio de alguns missionários jesuítas, como padre Altamirano e padre Balda, que estavam na região com a missão de catequizar os índios a mando da metrópole. O apoio de figuras religiosas é ressaltado em documentos e obras que relatam a vida de Sepé Tiaraju. Na época os jesuítas estavam, na maioria, contra as lutas indígenas.

Os líderes indígenas do Brasil contemporâneo

Além desses representantes da época da colonização do Brasil, poderíamos incluir muitos outros: Jaguanhoaro, Cairuçu, Piquerobi, Pindovuçu, Koakira, Araraí. Nos séculos seguintes também tivemos inúmeros líderes, mas, como as informações sobre o legado são raras e difíceis de reunir, passemos para a época que marca o fim do golpe militar no Brasil, iniciado nos anos 1970.

Mário Juruna – primeiro deputado indígena

Em 1982, Mário Juruna tornou-se o primeiro índio deputado eleito. Isso é um marco na história do Brasil, porque quebra o paradigma de exclusão da presença indígena na sociedade e tira a questão dos povos da invisibilidade social.

Integrante do povo Xavante, nascido em uma aldeia próxima a Barra dos Garças, no estado de Mato Grosso, na década de 1970 ficou famoso por percorrer os gabinetes da Fundação Nacional do Índio, em Brasília, lutando pela demarcação de terras, portando sempre um gravador "para registrar tudo o que o branco diz" e constatar que as autoridades, na maioria das vezes, não cumpriam a palavra.

Foi eleito representando o estado do Rio de Janeiro. Sua eleição teve uma grande repercussão no país e no mundo. Foi o responsável pela criação da Comissão Permanente do Índio no Congresso Nacional, o que levou o problema indígena a ter reconhecimento formal. Em 1984, denunciou o empresário Calim Eid por tentar suborná-lo a votar em Paulo Maluf, candidato dos militares à Presidência da República; no colégio eleitoral, Juruna acabou votando em Tancredo Neves, candidato da oposição democrática.

Raoni – guerreiro global

Raoni Metuktire nasceu em Mato Grosso, em uma vila chamada Krajmopyjakare (que hoje se chama Kapôt). É filho do líder Umoro, do ramo dos Kayapó conhecido como Metuquitire. Sua infância foi marcada por muitas mudanças de endereço (seu povo é nômade) e por numerosas guerras tribais. Guiado pelo irmão Motibau, Raoni começou com quinze anos a portar seu famoso disco de madeira pintado no lábio inferior.

Foi em 1954 que Raoni e os Caiapó encontraram, pela primeira vez, os homens brancos. Aprendeu a língua portuguesa com os irmãos Villas-Bôas, famosos indigenistas brasileiros. Encontrou-se com o rei Leopoldo III da Bélgica em 1964, quando ele estava em expedição nas reservas indígenas protegidas de Mato Grosso. Em 1978, foi tema de um documentário intitulado **Raoni**. O ator Marlon Brando, que estava no auge da fama, aceitou ser filmado na sequência de abertura. O filme foi indicado ao Oscar. O aumento do interesse dos meios de comunicação brasileiros pela questão ambiental fez dele porta-voz natural da luta pela preservação da floresta Amazônica.

Em 1984, apareceu em público armado e pintado para a guerra a fim de negociar com o ministro do interior, Mário Andreazza, a demarcação de sua reserva. Durante a reunião com o ministro, deu-lhe um puxão de orelha e lhe disse: "Aceito ser seu amigo, mas você tem de ouvir índio".

Ailton Krenak - cabeça na terra

Quando nós falamos da terra, nós não falamos de um sítio, de uma fazenda ou de um latifúndio, nós falamos do planeta, como um organismo vivo. Nós somos filhos desse organismo vivo.

Lembro que durante boa parte dos anos 1980 havia um clima quase constante de revolta e indignação na aldeia guarani de Krukutu, onde vivi por alguns anos, no extremo sul da cidade de São Paulo, divisa com o início da serra do Mar.

Nossas rodas de conversa ao pé do fogo no **opy** (casa de rezas) eram tensas, mesmo com as vozes pausadas e serenas do pajé Guirá Pepó, do cacique Tamãe Werá, do líder e professor de história Karaí Mirim. Com reflexões profundas, vivíamos assustados com os acontecimentos da época em relação a nossos parentes de outras regiões.

Havia pouco tempo que Tupa Marcal, liderança ativa e pacífica do povo Guarani, fora assassinado. E o noticiário mostrava o massacre que gente gananciosa e inescrupulosa havia realizado com os Yanomami.

Foi nesse cenário que conheci Ailton Krenak, que nos visitava periodicamente e participava das conversas ao pé do fogo. Ele levava visões de mundo de outras paragens, levava considerações próprias, e se punha à disposição da comunidade para apoiar nossos anseios em comum.

Almejávamos que respeitassem nosso modo de ser, a preservação dos ecossistemas e a solução para a questão territorial, tanto local como nacional.

Na época, Ailton Krenak coordenou em São Paulo um espaço (um prédio tombado pela Secretaria de Cultura e o Departamento do Patrimônio Histórico) que passamos a chamar de Embaixada dos Povos da Floresta. Esse lugar foi palco de diversas ações ligadas à causa indígena. Mostras, reuniões, palestras, encontros entre os mais diversos líderes e representantes de culturas tradicionais. Foi lá, nos idos de 1989, que recebemos Davi Yanomami, que foi falar dos buracos no céu; Chico Mendes, que nos deu as noções de florestania (cidadania da floresta); os Xavante, que nos deram aulas de sustentabilidade no cerrado; Marcos Terena, que nos deu a sabedoria de nos reconhecermos como culturas cooperativas por nossos jogos tradicionais. E Ailton alinhavava todas essas relações.

Ailton Krenak foi um os articuladores da União das Nações Indígenas (UNI), que em dado momento perturbou o ouvido dos militares, que entenderam que queríamos dividir o Brasil em diversos estados nacionais. Estavam longe de entender os povos originários como culturas próprias e ávidos da manutenção de uma lógica integrada à natureza e da convivência da pluralidade cultural.

Sua fala sempre foi uma flecha indignada em relação a atitudes arbitrárias, opressoras, gananciosas e imorais de um grupo que praticamente tem se perpetuado nas estâncias de poder. Seu povo vem de uma região entre Minas Gerais e Espírito Santo; historicamente eles margeiam o rio Doce, águas que são consideradas um sagrado antepassado. Sim, o mesmo rio Doce que amanheceu envenenado pela insensatez secular da relação de alguns tipos de seres humanos com os ecossistemas.

Em 1988, ano da Assembleia Nacional Constituinte, por meio de uma emenda popular, Ailton Krenak participou das discussões relativas à questão indígena no Congresso e protagonizou um momento histórico ao pintar o rosto de tinta de jenipapo, em plena tribuna, para protestar contra o retrocesso em relação aos direitos dos povos tradicionais do Brasil. Eis um dos trechos mais marcantes de seu depoimento: "Espero não agredir com minha manifestação os membros desta casa, mas acredito que os senhores não poderão ficar omissos,

os senhores não poderão ficar alheios a mais essa agressão movida pelo poder econômico, pela ganância, pela ignorância ao que significa ser um povo indígena. Hoje nós somos alvo de uma agressão que pretende atingir na essência nossa fé, nossa confiança de que ainda existe dignidade, de que ainda é possível construir uma sociedade que sabe respeitar os mais fracos, que sabe respeitar aqueles que não têm dinheiro para fazer uma campanha incessante de difamação, que sabe respeitar um povo que sempre viveu à revelia de todas as riquezas; um povo que habita casas cobertas de palha, que dorme em esteiras no chão, não deve ser identificado de jeito nenhum como o povo que é inimigo do Brasil, inimigo dos interesses da nação e que coloca em risco qualquer desenvolvimento. O povo indígena tem regado com sangue cada hectare dos 8 milhões de quilômetros quadrados do Brasil. Os senhores são testemunhas disso".

Álvaro Tukano - articulador da nova confederação

Nossas aldeias que estavam espalhadas por todo o rio Negro não conheciam as cercas. As casas dos missionários é que tinham as cercas de estaca e de arame farpado. Todas as missões tinham lojas sortidas. Os missionários compravam os paneiros de farinha, e os índios levavam produtos industrializados, como roupa, brilhantina, panela, forno, sapato, sabão, querosene, óleo diesel e outras mercadorias. Todas as missões tinham os trabalhadores indígenas que eram marceneiros, alfaiates, pedreiros, sapateiros, mecânicos, vaqueiros, cozinheiras, serradores de tábua para as novas construções. Eu nasci nessa época em que a Igreja católica teve seu apogeu no rio Negro.[1]

Conheci Álvaro Tukano no fim dos anos 1980, quando eu trabalhava na Secretaria de Cultura do Município de São Paulo e participava de um grupo de ação cultural com uma proposta conhecida como Embaixada dos Povos da Floresta (iniciativa de Ailton Krenak), que tinha seu espaço físico no Butantã, em um prédio setecentista da Prefeitura conhecido como Casa do Sertanista. Esse espaço, na verdade, era uma antiga casa de bandeirantes, e nós na época fizemos uma experiência de ressignificação, que se transformou em uma

---

1 Tukano, Álvaro. Tembetá. São Paulo: Azougue, 2018.

"embaixada" para líderes indígenas, caiçaras, caboclos, seringueiros, ribeirinhos. Lá também ocorriam as rodas de conversa sobre temas que mais nos afligiam. Inclusive as reflexões promovidas pela UNI, uma das organizações semeadas pelo Tukano do rio Negro.

Nossa amizade se estreitou em 1991, quando eu promovia uma ação social com foco na arrecadação de alimentos para a comunidade Guarani de Krukutu: o processo era basicamente fazer palestras sobre cultura indígena em troca de alimentos não perecíveis. Na ocasião, alguns amigos do Rio de Janeiro criaram um debate sobre o recém-lançado filme **Brincando nos campos do Senhor**, de Hector Babenco; e convidaram a mim, Álvaro Tukano e Fernando Gabeira para comentar o enredo em um seminário. Foi um sucesso. Arrecadamos, após esse evento e uma série de pequenos encontros com estudantes, quase meia tonelada de alimentos para duas aldeias Guarani de São Paulo, Krukutu e Tenondé Porã. No fim da jornada, Álvaro comentou: "Muito bem, parente, amanhã nós talvez não teremos o que comer; mas nossos irmãos Guarani terão por um bom tempo".

A figura de Álvaro Tukano tem a expressão da indignação amazônica. Sua fala sempre foi forte. Ele tem um pensamento próprio. Cortante. Hábil. Incisivo. Nasceu no coração da Amazônia. Filho do povo Tukano, Álvaro é um exemplo daquele ditado que diz "o feitiço vira contra o feiticeiro" no que se refere à relação entre os salesianos e seu povo. A catequese salesiana chegou ao rio Negro em 1915 e foi destituindo os modos organizacionais dos Iepá Mahsã, nome tradicional dos Tukano, que foram proibidos de morar em maloca, jeito tradicional coletivo; foram proibidos de comer o ipadu (mistura de folha de coca com farinha de mandioca que fortalece a imunidade e previne contra doenças da floresta); foram proibidos de realizar seus ritos sagrados de conexão com o divino pela ayahuasca e foram estimulados a competir entre si. Em troca, a missão da catequese ofereceu: educação ocidental, aprendizado da língua portuguesa, conhecimento de ciências, história, matemática, literatura e medicina ocidental. Álvaro tornou-se notório saber em sociologia e, com o domínio da linguagem, apontou os erros do dogmatismo e do sectarismo salesiano. Foi agredido e praticamente expulso de sua região pelos próprios parentes catequizados. Fez disso um estímulo para, com o tempo, participar de algumas das mais relevantes organizações indígenas do Brasil: a UNI e a Federação de Organizações Indígenas do Rio Negro (Foirn).

Graças ao aprendizado ocidental, Álvaro rompeu a barreira opressora do sistema militar na época e foi o primeiro índio a tirar passaporte. Para isso, ele se fez passar por "descendente de japonês". Então foi para a Holanda representar Mário Juruna em uma conferência em Roterdã, pois os tutores da Funai não permitiram que Juruna viajasse, pois diziam que "índio não tem voz própria". Tempos depois, no Equador, o embaixador do Brasil usou o mesmo argumento para tentar barrar a voz amazônica que denunciava as barbaridades do governo militar no início dos anos 1980 em termos de destruição de florestas e aniquilação de povos.

Atualmente Álvaro Tukano coordena em Brasília o Memorial dos Povos Indígenas e continua estimulando novas lideranças de diversos povos na defesa da floresta e das respectivas culturas. É um conselheiro para os jovens e um companheiro para os velhos. Domina diversas áreas da sociedade, sempre com suas raízes e seu espírito bem ancorados nos valores sagrados de seu povo.

Sônia Guajajara – presença guerreira dos Tenetehara

Não sou mais importante que tantas indígenas que estão em seus estados, em suas comunidades. Somos muitas. Claro, a cultura indígena ainda é machista. Aliás, não sei se é originariamente machista ou se herdou do branco europeu. Muitos povos ainda não aceitam mulheres nas lideranças. Uma mulher não pode ser cacique, por exemplo. Mas vejo uma evolução, muitas de nós rompendo... Cada momento dessa minha luta é único.

O povo Guajajara se estende atualmente pelo Maranhão, no Nordeste do Brasil; são cerca de 24 mil pessoas, formando um dos mais populosos grupos indígenas desse lado do país. Habitam a partir da margem oriental da região amazônica e também são conhecidos como Tenetehara. Foram contatados há cerca de 390 anos e, desde então, a cada geração, vêm sofrendo inúmeros processos invasivos, que destroem seus valores culturais, suas características sociais e suas mitologias.

Os territórios dos Tenetehara ancestrais foram tomados pela agropecuária e cercados por uma antiga política coronelista fundamentada na repressão pela violência social. Em 1901, houve uma revolta histórica contra os capuchinhos que gerou uma guerra e eliminou uma considerável parcela desses povos, mas o fato é até hoje encoberto por estratégias de desinformação por parte dos mandatários da região.

A língua guajajara, ou tenetehara, permeia os Avá-Canoeiro, os Parakanã, os Tapirapé, os Tembé e os Suruí. Eles fazem parte de um grupo derivado do tronco tupi, chamado de **deze-dezeegete**, ou "fala boa".

Sônia Guajajara faz parte da região da terra indígena Arariboia, no Maranhão, e é formada em letras e especializada em enfermagem pela Universidade Estadual do Maranhão. Seu ativismo começou na Articulação dos Povos Indígenas do Brasil (Apib), organização que reúne lideres de uma grande variedade de etnias principalmente do Norte e do Nordeste do Brasil. Foi diretora, como ela mesma diz, de uma das entidades mais representativas do Maranhão, a Coordenação das Organizações e Articulações dos Povos Indígenas do Maranhão (Coapima).

Guerreira inspiradora de muitas mulheres, para além da causa indígena, sua história de vida é de muita luta e resiliência e superação. Aos catorze anos trabalhava como empregada doméstica e babá. Um ano depois, recebeu um convite da Funai: cursar o ensino médio em um colégio de Esmeralda, Minas Gerais. A menina guerreira enfrentou a resistência inclusive da própria família e foi.

A partir desse primeiro passo, iniciou sua grande jornada. Formou-se em letras. Depois, concluiu pós-graduação. Fez uma especialização em enfermagem. Em 1992, foi trabalhar nas aldeias como monitora de educação e saúde. Exercia uma função pedagógica e social. Orientava para a diminuição do alcoolismo e para a conscientização do problema das doenças sexualmente transmissíveis.

Suas inquietações, no entanto, foram além. Era conhecida como a grande pequenina devido à estatura que contrastava com uma fala de indignação social pelos malfeitos de tantos séculos em relação a seu povo, a outros povos tradicionais e, sobretudo, à Mãe Terra.

Em 2001, participou de uma conferência de povos que culminou em uma marcha indígena, e a partir de então não parou mais de marchar em direção à justiça social. Tornou-se ferrenha crítica dos desmandos sociais seculares e uma orientadora de sua família, sua comunidade, uma referência em sua região.

Entendeu desde muito cedo que como mulher tinha de ser respeitada, principalmente em uma sociedade machista, e que, como indígena, precisava estar sempre alerta e atuante para colaborar com a mudança de uma condição histórica reservada aos povos indígenas: a de ter que abrir mão de seus territórios tradicionais.

Essa guerreira, mãe de três filhos, representa uma extensão de vozes do Maranhão, da Amazônia, do Nordeste, do Sudeste, do Centro-Oeste e do Sul do Brasil. Ela representa também a continuidade de outras vozes que se ergueram na década de 1980, como a de Mário Juruna, Ailton Krenak, Álvaro Tukano e tantos outros.

Já percorreu a Europa e a América em instituições como a ONU, sendo porta-voz ativa de uma causa de muitos séculos. Também é vitoriosa entre seus pares pelo fato de se posicionar em círculos geralmente masculinos, onde os homens predominam com cocares de guerreiros. As organizações indígenas se estruturaram em uma lógica em que homens estão habituados a buscar papéis de condução das comunidades, e entre a diversidade de povos indígenas o machismo também assume tom predominante.

Um dos principais temas a que Sônia Guajajara tem se tornado aguda crítica e dado sinais de alerta ao Brasil e ao mundo é a questão da Reserva Natural de Cobre e Associados (Renca). Trata-se de uma extensa reserva mineral sob o solo amazônico, entre os estados do Pará e do Amapá, criada em 1984 pelo então presidente do regime militar João Batista Figueiredo. No Congresso Nacional a bancada ruralista tem um interesse fora do comum para essa reserva. Os minerais ali encontrados apresentam grande valor no mercado internacional, pois as jazidas são ricas em cobre, ouro, titânio, tântalo e tungstênio, considerados minerais nobres, de alto valor no mercado global.

Se houver permissão para as empresas privadas de mineração entrarem na região, haverá um efeito devastador para a população local, para a floresta e para o planeta. Além do fato de que a suposta riqueza econômica que em teoria será gerada, na verdade, será para os empreendedores internacionais de países como os Estados Unidos.

Joênia Wapichana

Sempre tive comigo esse sentimento de que era preciso vencer a injustiça contra os povos indígenas, e foi por isso que cursei direito.

A advogada Joênia Wapichana era recém-formada e foi acionada por uma vizinha desesperada que teve o filho preso. Ao chegar à delegacia, foi recebida com olhares preconceituosos. "Você é esposa do preso?", "você é amiga do rapaz preso?", perguntavam. "Não, sou a advogada dele", respondeu, para espanto dos policiais. O espanto não era outro senão pelo fato dela ser uma mulher indígena. Joênia quebrou paradigmas ao se tornar a primeira mulher brasileira de origem indígena formada em direito.

Aos 24 anos, começou a atuar em ações judiciais locais na reserva Raposa Serra do Sol, em Roraima. O processo ficou conhecido internacionalmente e se arrastou por décadas. Em 2005, o presidente Luiz Inácio Lula da Silva assinou um decreto que homologava de forma contínua a terra indígena Raposa Serra do Sol. O reconhecimento dessa terra era uma reivindicação histórica dos índios da região – das etnias Macuxi, Wapichana, Ingarikó, Taurepang e Patamona. Joênia esteve à frente de todo o processo: "Naquela época, as pessoas não davam crédito porque eu era jovem, mulher, advogada indígena e sofria preconceito até por ser Wapichana, já que minha etnia é pequena em Roraima. Também existe preconceito ético entre os próprios indígenas", relembra.

Como ela mesma gosta de dizer, "sempre deu a cara para bater". Joênia entendia que a visibilidade que o caso recebia na mídia era uma oportunidade para falar sobre as questões indígenas numa escala maior. "Eu falava com a mídia estrangeira, participava de congressos internacionais discursando sobre a questão da terra, da biodiversidade. Até o fato de eu viajar era uma grande vitória, porque existia muito machismo nas aldeias, e a ideia de que a mulher não podia viajar, sair da cidade, porque ia se perder. Como eu ia e representava bem, os homens começaram a deixar as mulheres saírem." A escolha pelo curso de direito veio da vontade de conhecer melhor os caminhos que levariam seu povo a uma vida com mais dignidade.

Não é à toa que em muitas aldeias de Roraima é fácil achar meninas que se chamam Joênia. "Fico muito feliz, mas é uma responsabilidade grande, porque a gente é espelho. As lideranças sempre nos alertam disso, de que precisamos vigiar porque as pessoas estão olhando para nós. Nós não podíamos desistir, tínhamos que dar o melhor de nós mesmos para não desestimularmos os outros", diz.

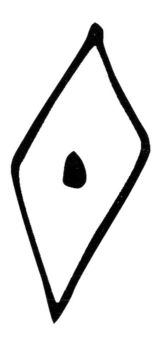

O autor

Kaká Werá Jecupé é filho de pais tapuias, ou txukarramães ("guerreiros sem armas"), que saíram do Araguaia no início dos anos 1960 para se estabelecer no norte de Minas Gerais, entre o rio São Francisco e a cidade de Montes Claros. Família de tradição nômade, juntaram-se aos guaranis da região, que rumavam então para São Paulo, onde Werá nasceu em 1964, próximo à represa Billings, nos confins da zona sul da capital. Foi batizado por Tiramãe Werá, cacique e pajé da aldeia de Pró-Mirim, que era então responsável pelo **nimongaraí** (cerimônia de batismo) das aldeias guaranis do litoral paulista e do recente aldeamento criado em terras cedidas por um sitiante japonês em São Paulo.

Anos depois, uma parcela dessa região se tornaria a periferia paulistana, onde Kaká Werá fez os estudos básicos, em escola pública, e viveu parte da infância e da adolescência. Nessa época, houve uma ruptura, pois fora orientado (juntamente com os pais) a deixar o paganismo e obter o batismo cristão, tornando-se Carlos Alberto dos Santos, cidadão paulistano.

Na década de 1980, fez uma peregrinação por várias aldeias guaranis do sudeste ao sul do Brasil, até o Paraguai, buscando sentido para a vida e a sua verdadeira identidade. Seguiu a trajetória de um episódio conhecido como "A busca da terra sem males" pelos historiadores, ocorrido nos séculos XVI e XVII, em que os tupis-guaranis espalharam-se por aldeias situadas desde o Paraguai até Espírito Santo, fragmentando sua sabedoria ancestral ao longo dessa rota.

De 1989 a 1992, na Aldeia Morro da Saudade, em São Paulo, apoiou os guaranis na construção do Centro de Cultura Indígena, onde foi rebatizado por Guirá-Pepo, cacique e pajé daquela comunidade.

Em 1992, criou uma comissão intertribal para lutar pela cidadania cultural indígena, ao lado de Roman Ketchua e Daniel Munduruku, entre outros. Iniciou um aprofundamento espiritual, a partir da purificação de suas mazelas pessoais, por meio da natureza e dos quatro elementos: terra, água, fogo e ar – sempre orientado por espíritos ancestrais.

Em 1994, criou o Instituto Arapoty, destinado a resgatar e difundir a cultura indígena, desenvolver a medicina nativa, bem como projetos, eventos e publicações dos povos da floresta, entre as quais o livro **Todas as vezes que dissemos adeus**, de sua autoria. Em parceria com a Fundação Peirópolis, o instituto coordenou uma ação de educação em valores humanos da sabedoria indígena para os povos urbanos. Nesse mesmo ano, realizou uma peregrinação ao norte do país, em busca da sabedoria dos povos amazônicos e do cerrado. No Tocantins, foi batizado nas águas do rio homônimo pelo povo **krahô**, onde é reconhecido pelo nome de **Txutk** ("semente de fruto maduro"), e se tornou **pahi** ("ser-ponte", entre culturas).

Sua atuação no desenvolvimento e defesa da cultura indígena conferiu-lhe diversos prêmios e reconhecimentos, nos anos 1980, como o concedido pela Ashoka Empreendedores Sociais, com a criação de projetos sustentáveis; o Transformadores, promovido pela revista Trip; o convite para ser fundador e conselheiro da Bolsa de Valores Sociais, da antiga Bovespa, que viabilizou a consecução de projetos de preservação ecológica e responsabilidade social; e, nos anos 1990, convites para proferir palestras e conferências em várias universidades pelo mundo, como a Universidade de Oxford, na Inglaterra, e a Universidade de Stanford, nos Estados Unidos.

Foi nesse período também que Kaká Werá valeu-se da literatura como um instrumento de (re)existência e difusão dos saberes e valores dos povos indígenas, sendo um dos precursores e incentivadores da produção literária pelos próprios representantes dessas culturas ancestrais; e na Fundação Peirópolis de Educação em Valores Humanos desenvolveu a temática e a visão de mundo da tradição tupi-guarani, a partir da qual escreveu seu segundo livro, ***A Terra dos Mil Povos***, publicado pela Editora Peirópolis em 1998.

Leciona há mais de vinte anos na Universidade Holística da Paz (Unipaz) e participou da fundação da United Religions Initiative (URI), promovida pela ONU. Entre suas principais obras destacam-se ***Todas as vezes que dissemos adeus, As fabulosas fábulas de Iauaretê, Tupã Tenondé, O trovão e o vento***; e a reedição desta antológica ***A Terra dos Mil Povos***, várias vezes considerada Altamente Recomendável pelo Ministério da Cultura e pela Fundação Nacional do Livro Infantil e Juvenil, e em 2022 listada pela *Folha de S.Paulo* dentre as 200 obras importantes para entender o Brasil, em levantamento de 169 intelectuais da língua portuguesa.

Este livro foi composto em Adobe Caslon e Bagatela.
Impresso em Avena 90 g/m², em outubro de 2023, na gráfica Maistype.